THE INTERCEPT BRASIL

JOÃO FILHO

JORNALISMO WANDO

OS PERSONAGENS BIZARROS QUE EXPLICAM A NOVA POLÍTICA

mórula
EDITORIAL

COORDENAÇÃO EDITORIAL
Vitor Castro

EDIÇÃO
Silvia Lisboa

REVISÃO
Milene Couto
Natalia von Korsch

ILUSTRAÇÃO (CAPA)
João Montanaro

CIP-BRASIL. CATALOGAÇÃO NA PUBLICAÇÃO
SINDICATO NACIONAL DOS EDITORES DE LIVROS, RJ
Elaborado por Meri Gleice Rodrigues de Souza — CRB 7/6439

J58j

João Filho
Jornalismo Wando : os personagens bizarros que explicam a nova política / João Filho. — 1. ed. — Rio de Janeiro: Mórula, 2021.
184 p. ; 23 cm.

Inclui bibliografia
ISBN 978-65-86464-58-0

1. Brasil - Política e governo - Séc. XXI. I. Título.

21-73589 CDD: 320.0981
CDU: 32(81)

Rua Teotônio Regadas 26 sala 904
20021_360 _ Lapa _ Rio de Janeiro _ RJ
www.morula.com.br _ contato@morula.com.br
/morulaeditorial /morula_editorial

SUMÁRIO

INTRODUÇÃO

EM MEADOS DE 2011, eu estava no Twitter acompanhando uma conversa entre jornalistas. Eles debochavam de um perfil muito comum na imprensa brasileira: o isentão, sem opinião, que tenta manter uma falsa pose de imparcialidade a todo momento. Nessa conversa, um dos participantes cunhou o apelido desse perfil: "Esse tipo de jornalismo é o Jornalismo Wando", uma alusão ao grande compositor brasileiro que marcou gerações com seus hits românticos. O "Jornalismo Wando" seria, portanto, a escola adotada por aqueles que exercem o ofício se anulando e se alinhando aos interesses dos patrões. É a luz, o raio, a estrela e o luar do patronato.

A conversa se alastrou e virou um dos assuntos mais comentados do Twitter. Eu decidi então criar o @JornalismoWando, um personagem de humor que satirizava esse tipo de jornalista. Em poucos dias, o perfil se tornou um sucesso e ganhou milhares de seguidores.

Nos anos seguintes, o personagem mudaria muito, assim como mudou o Brasil. As Jornadas de Junho, a derrubada de Dilma por pedaladas fiscais e o breve governo entreguista de Temer reviraram o país do avesso. O humor deu lugar ao combate, e as minhas críticas passaram a ficar mais frequentes que as piadas. Foram elas que chamaram a atenção de Glenn Greenwald, que em meados de 2016 me telefonou convidando para ser o colunista do seu novo projeto jornalístico, o The Intercept Brasil.

O Intercept, junto a outros veículos — como o Guardian e o Washington Post —, sacudira o mundo com a publicação dos arquivos secretos de Edward Snowden, o ex-técnico da CIA que tornou públicas as verdades sobre espionagens que o governo americano escondia. O jornalismo combativo praticado pelo Intercept sempre me fascinou, e não poderia haver honra maior para mim do que esse convite.

Após cinco anos escrevendo semanalmente para o site, eu pude confirmar que o Intercept, de fato, pratica um jornalismo destemido, sem amarras e verdadeiramente independente. Lá eu tenho liberdade ampla e irrestrita para expressar qualquer opinião, algo que nem todos os colunistas da grande imprensa podem desfrutar. Muitos barões do jornalismo têm o rabo preso com políticos, com grandes empresários, e obrigam seus funcionários a trabalharem a reboque dos interesses do departamento comercial do jornal. Isso não existe no Intercept.

Não foi fácil selecionar as colunas para este livro. Foram mais de 200 textos que cobriram um período sombrio na política brasileira. Muita coisa importante aconteceu no Brasil nesses últimos cinco anos. O antipetismo alucinado virou a principal corrente política do país, e fomos tragados por uma onda reacionária que acabaria por colocar um protofascismo miliciano no comando. As crônicas que mais se destacaram foram as microbiografias das figuras mais bizarras da chamada nova política, aquelas que emergiram com a ascensão da extrema direita. Foram esses textos, focados em personagens, que escolhemos para contar esse capítulo da história do Brasil.

O livro começa com um texto sobre Eduardo Cunha, uma das raposas da velha política, que preparou o terreno para a chegada da nova política. Depois começam os textos que abordam algumas das figuras mais obscuras já produzidas pelo reacionarismo brasileiro: Ney Santos, o prefeito ligado ao PCC; Joice Hasselmann, a jornalista acusada de plágio por 23 colegas que se tornou a deputada federal mais votada da história do país; Luis Miranda, o acusado por estelionatos em série que virou deputado federal; Sergio Moro, o juiz fora da lei que pavimentou o caminho da extrema direita ao poder; Carla Zambelli, a ex-integrante do Femen que virou monarquista ferrenha; Samy Dana, o office boy do mercado financeiro escalado para bancar o epidemiologista durante a pandemia do coronavírus; Loester Trutis, o deputado federal lobista pró-armas acusado pelo Ministério Público e pela Polícia Federal de ter forjado um atentado contra si para justificar a flexibilização das leis de acesso a armamentos; Oswaldo Eustáquio, o jornalista mitômano escalado para atacar os opositores do bolsonarismo; e muitos outros.

Agradeço todos os meus colegas do Intercept pela parceria nestes anos. Eles são as cabeças por trás da Vaza Jato, que julgo ser o furo jornalístico mais importante da história do país. Levarei para a vida o orgulho de ter sido o colunista do site neste período.

Espero que gostem dos textos que escolhemos para vocês. Boa leitura!

A “MULA” DO PRESIDENTE E O ESCÂNDALO SEM NOME

MARÇO DE 2017

COM DINHEIRO DA ODEBRECHT, PADILHA E TEMER AJUDARAM CUNHA A CONSTRUIR UMA BASE ALIADA SÓLIDA QUE PARALISA O PAÍS E OS COLOCA NO CENTRO DO PODER

EM 2005, o petebista Roberto Jefferson deu uma entrevista bombástica para Renata Lo Prete revelando um esquema de compra de apoio de deputados pelo governo Lula. Jefferson disse a palavra "mensalão" 17 vezes. O escândalo já vinha batizado e atormentaria o alto escalão do PT por muitos anos. À época, o assunto foi tão explorado e martelado na cabeça dos brasileiros que muito se duvidou da reeleição de Lula. O ex-senador do PFL (antiga Arena e atual Democratas) e filhote da ditadura militar Jorge Bornhausen chegou a decretar a morte do PT com uma frase reveladora da sua alma: "Estou é encantado (com a crise do mensalão), porque estaremos livres dessa raça pelos próximos 30 anos".

José Yunes, ex-assessor e amigo de mais de cinco décadas de Michel Temer, deu uma declaração igualmente bombástica na semana passada, revelando a existência de uma estratégia para eleger parlamentares fiéis a

Eduardo Cunha. Yunes ficou sabendo disso em setembro de 2014, às vésperas das eleições daquele ano, pela boca do doleiro e lobista Lúcio Funaro, operador das propinas de Cunha que foi preso na época do mensalão. Esse honorável cidadão relatou dessa maneira o esquema para Yunes: "A gente está fazendo uma bancada de 140 deputados para o Eduardo (Cunha) ser presidente da Câmara".

O melhor amigo de Temer ouviu essa frase quando o doleiro, a mando de Eliseu Padilha, passou em seu escritório para deixar um "pacote" misterioso que alguém buscaria mais tarde. Segundo delação de ex-executivo da Odebrecht, o tal "pacote", na verdade, era R$ 4 milhões em dinheiro vivo, parte de uma propina de R$ 10 milhões repassada para o PMDB, atual MDB. Yunes se viu sendo "mula" de Padilha e resolveu contar tudo para o presidente não eleito, que, à época, era candidato a vice de Dilma: "Contei tudo ao presidente em 2014. O meu amigo (Temer) sabe que é verdade isso. Ele não foi falar com o Padilha. O meu amigo reagiu com aquela serenidade de sempre (risos)".

É óbvio que Temer não foi reclamar com seu braço direito. As chances de um esquema comandado por Padilha e Cunha ser ignorado por Temer são menores que a de um tucano ser preso. Portanto, é mais do que provável que, antes mesmo da eleição, Padilha e Temer já tramassem para colocar Cunha na presidência da Câmara. É importante lembrar que Cunha não foi o candidato do governo para a Câmara, era o petista Arlindo Chinaglia, o que significa que a cúpula emedebista já trabalhava contra os interesses do governo do qual fazia parte. Naquela época, o impeachment já estava no horizonte e seria muita ingenuidade acreditar que esses fatos não estavam relacionados. Cunha foi eleito por uma maioria avassaladora na Câmara. Uma maioria que o acompanharia até a derrubada de Dilma, em agosto de 2016.

Após a eleição de Cunha, O Globo registrou que ele "é considerado inimigo da presidente Dilma Rousseff, com quem sempre teve uma relação difícil". Ou seja, com base no depoimento de Yunes, é possível concluir que o vice-presidente há muito tempo já trabalhava nos bastidores — e depois abertamente — para eleger um inimigo do governo. Cunha articulou intensamente contra o governo para aprovar a MP dos Portos (com uma emenda cuja única beneficiária foi uma das principais empresas financiadoras de Temer), trabalhou pela derrubada do decreto da presidenta que criava conselhos populares em órgãos públicos e fez de tudo para travar a votação do Marco Civil da internet. Agora sabemos que o inimigo mortal da presidenta vinha sendo armado pelo vice-presidente desde antes das eleições presidenciais. Qual o nome disso senão traição, conspiração e/ou golpismo?

Em abril de 2015, poucos meses após Cunha virar presidente da Câmara, Dilma, preocupada com o desgaste da relação com o MDB, colocou Temer na articulação do governo. A raposa foi alçada à condição de pacificadora do galinheiro depois de ter passado meses tramando o cerco com a raposada. Enquanto isso, Cunha comandou durante o resto do ano um boicote sistemático ao governo, trabalhando contra todas as medidas de saída da crise econômica por meio de pautas-bombas, travamento de votações e muita chantagem. Com a maioria dos parlamentares na mão e o apoio do vice-presidente, Cunha ficou à vontade para encaminhar o principal projeto do seu mandato: o impeachment.

"Michel é Eduardo Cunha", já dizia Jucá no *spoiler* dos *spoilers*. Mas a relação não é mais a mesma. Depois de cassado e preso, Cunha vem frequentemente fazendo ameaças veladas a Temer. Insinuou haver digitais de Temer nas irregularidades no Porto Maravilha e o arrolou como testemunha na Lava Jato, quando fez perguntas comprometedoras. Curiosamente, Temer agora coloca o emedebista Osmar Serraglio no Ministério da Justiça, um homem tão próximo de Cunha que chegou a reivindicar a anistia dos crimes cometidos pelo amigo. As ameaças teriam surtido efeito? Não é possível afirmar categoricamente que sim, mas a chantagem estaria perfeitamente dentro do contexto golpista da atual política brasileira.

Cunha também fez duas perguntas para Temer sobre seu amigo José Yunes: "Qual a relação de Vossa Excelência com José Yunes?" e "O sr. Yunes recebeu alguma contribuição de campanha para alguma eleição de Vossa Excelência ou do PMDB?".

Perguntas essenciais para compreender o papel de Temer na Lava Jato, mas o juiz-herói Sergio Moro evitou a fadiga de Temer, cancelando essas e mais 11 perguntas embaraçosas. Os questionamentos foram considerados "inapropriados" pelo magistrado. Segundo ele, "não há qualquer notícia do envolvimento do Exmo. Sr. Presidente da República nos crimes que constituem objeto desta ação penal". Parece piada, mas esse é o homem conhecido por ser implacável contra a corrupção. Estamos muito bem de heróis, né, Brasil?

Yunes simplesmente revelou que os milhões da Odebrecht serviram para construir uma poderosa bancada de deputados para colocar um criminoso na presidência da Câmara. Com o envolvimento comprovado de Padilha, o braço direito de Temer, e com a "mula" amiga de Temer caguetando tudo, já não é mais possível ignorar as digitais do não eleito em mais esse escândalo. No país em que casos de corrupção são sempre batizados, como Mensalão e Petrolão, por que esse até agora não foi?

É instigante. Só acho que não podemos esperar que o batismo seja feito pela Globo, já que, segundo o Tabapuã Papers e o Panamá Papers, Temer é sócio de Yunes, assim como o filho de Yunes é sócio de José Roberto Marinho.

A minha sugestão é que chamemos de golpe.

REFERÊNCIAS

AFFONSO, Julia; COUTINHO, Mateus; BRANDT, Ricardo; MACEDO, Fausto. Cunha tentou emparedar Temer com perguntas sobre amigo José Yunes. **Estadão**, 11 dez. 2016. Disponível em: https://politica.estadao.com.br/blogs/fausto-macedo/cunha-tentou-emparedar-temer-com-perguntas-sobre-amigo-jose-yunes/. Acesso em: 30 jun. 2021.

BERGAMO, Mônica. Moro indefere perguntas incomodas feitas por Eduardo Cunha a Temer. **Folha de S. Paulo**, 28 nov. 2016. Disponível em: http://www1.folha.uol.com.br/colunas/monicabergamo/2016/11/1836301-moro-indefere-perguntas-incomodas-feitas-por-eduardo-cunha-a-temer.shtml. Acesso em: 30 jun. 2021.

BORGES, Laryssa. MP dos Portos: Governo faz apelo, pressiona, mas esbarra em Eduardo Cunha. **Veja**, 13 maio 2013. Disponível em: https://veja.abril.com.br/politica/mp-dos-portos-governo-faz-apelo-pressiona-mas-esbarra-em-eduardo-cunha/. Acesso em: 30 jun. 2021.

BRAGA, Isabel; LIMA, Maria; GAMA, Júnia. Eduardo Cunha derrota o governo e é eleito presidente da Câmara. **O Globo**, 1 fev. 2015. Disponível em: https://oglobo.globo.com/brasil/eduardo-cunha-derrota-governo-e-eleito-presidente-da-camara-15214504#ixzz4aCZAP6EV. Acesso em: 30 jun. 2021.

BRAMATTI, Daniel; DE TOLEDO, José Roberto; BURGARELLI, Rodrigo. Grupo doador de campanha de Temer recebe benefício de aliado em porto. **Estadão**, 3 jan. 2016. Disponível em: https://politica.estadao.com.br/noticias/geral,grupo-doador-de-campanha-de-temer-recebe-beneficio-de-aliado-em-porto,10000006082. Acesso em: 30 jun. 2021.

CARDOSO, Daiene. Novo ministro da Justiça defendeu 'anistia' para Cunha. **Estadão**, 24 fev. 2017. Disponível em: https://politica.estadao.com.br/noticias/geral,novo-ministro-da-justica-defendeu-anistia-para-cunha,70001677797. Acesso em: 30 jun. 2021.

DEPUTADOS derrubam decreto que organiza os conselhos populares. **G1**, 29 out. 2014. Disponível em: http://g1.globo.com/jornal-nacional/noticia/2014/10/deputados-derrubam-decreto-que-organiza-os-conselhos-populares.html. Acesso em: 30 jun. 2021.

DILMA no Senado: Impeachment é fruto de 'chantagem explícita' de Cunha. **BBC News Brasil**, 29 ago. 2016. Disponível em: https://www.bbc.com/portuguese/37214245. Acesso em: 30 jun. 2021.

DO ROSÁRIO, Miguel. A misteriosa sociedade de José Roberto Marinho com Marcos Yunes, filho do amigo e ex-assessor de Michel Temer. **O Cafezinho**, 25 fev. 2017. Disponível em: https://www.ocafezinho.com/2017/02/25/misteriosa-sociedade-de-jose-roberto-marinho-com-yunes-filho-amigo-e-ex-assessor-de-michel-temer/. Acesso em: 30 jun. 2021.

DUARTE, Fernanda. Entenda o que são as chamadas "pautas-bombas" do Congresso Nacional. **EBC**, 6 ago. 2015. Disponível em: https://memoria.ebc.com.br/noticias/politica/2015/08/entenda-o-que-sao-chamadas-pautas-bombas-que-podem-ser-votadas-pelo. Acesso em: 30 jun. 2021.

LO PRETE, Renata. Em entrevista à Folha em 2005, Jefferson revelou o mensalão; leia. **Folha de S. Paulo**, 25 fev. 2014. Disponível em: https://www1.folha.uol.com.br/poder/2014/02/1417161-em-entrevista-a-folha-em-2005-jefferson-revelou-o-mensalao-leia.shtml. Acesso em: 30 jun. 2021.

LÚCIO Funaro diz que aguenta ficar preso por dois anos antes de negociar delação. **Época**, 18 set. 2016. Disponível em: https://epoca.oglobo.globo.com/tempo/expresso/noticia/2016/09/lucio-funaro-diz-que-aguenta-ficar-preso-por-dois-anos-antes-de-negociar-delacao.html. Acesso em: 30 jun. 2021.

MACEDO, Fausto; AFFONSO, Julia; COUTINHO, Mateus; BRANDT, Ricardo. Lucio Funaro era operador de propinas de Eduardo Cunha, diz força-tarefa. **Estadão**, 20 out. 2016. Disponível em: http://politica.estadao.com.br/blogs/fausto-macedo/lucio-funaro-era-operador-de-propinas-de-eduardo-cunha-diz-forca-tarefa/. Acesso em 30 jun. 2021.

MARQUES, George. Com PMDB envolvido na Lava Jato, Temer escolhe ex-aliado de Cunha para Ministério da Justiça. **The Intercept Brasil**, 24 fev. 2017. Disponível em: https://theintercept.com/2017/02/24/com-pmdb-envolvido-na-lava-jato-temer-escolhe-ex-aliado-de-cunha-para-ministerio-da-justica/. Acesso em: 30 jun. 2021.

PASSARINHO, Nathalia; CALGARO, Fernanda. Executiva Nacional do PMDB anuncia apoio oficial a Eduardo Cunha. **G1**, 14 jan. 2015. Disponível em: http://g1.globo.com/politica/noticia/2015/01/executiva-nacional-do-pmdb-anuncia-apoio-oficial-eduardo-cunha.html. Acesso em: 30 jun. 2021.

ROSA, Vera. Cunha liga homem forte de Temer a irregulares na Caixa. **Estadão**, 17 set. 2016. Disponível em: https://politica.estadao.com.br/noticias/geral,cunha-liga-homem-forte-de-temer-a-irregularidades-na-caixa,10000076592. Acesso em: 1 jun. 2021.

A TRAJETÓRIA DE NEY SANTOS É UM RETRATO DO FRACASSO DAS NOSSAS INSTITUIÇÕES

MARÇO DE 2018

MESMO CONDENADO POR FORMAÇÃO DE QUADRILHA E ASSALTO A CARRO-FORTE, PREFEITO REASSUME CARGO COM AJUDA DO STF

GRAÇAS À MANUTENÇÃO de um habeas corpus concedido pelo Supremo Tribunal Federal, um homem que o Ministério Público tem certeza ser integrante do PCC poderá voltar a assumir a prefeitura de Embu das Artes, cidade de 240 mil habitantes a 31 km da capital paulista. A trajetória de Claudinei Alves do Santos, o Ney Santos (ou Ney Gordo no submundo do crime), é um *case* de fracasso das instituições brasileiras. Em pouquíssimo tempo, ele saiu da cadeia para se tornar empresário do ramo dos combustíveis e iniciar carreira de sucesso na política. Segundo o MP, paralelamente à vida política, Ney Santos seria o comandante do tráfico de drogas da zona oeste da grande São Paulo. Há uma infinidade de provas, e até os paralelepípedos de Embu conhecem a vida criminosa do prefeito. É triste perceber como os partidos políticos e o sistema judiciário permitiram a ascensão desse homem.

Em 1999, aos 19 anos, Ney Santos foi condenado por receptação e formação de quadrilha. Quatro anos depois, foi novamente condenado, dessa vez pelo singelo crime de assaltar um carro-forte portando uma metralhadora 9mm. Ficou dois anos preso, mas foi absolvido em segunda instância. Saiu da cadeia para se tornar, de forma instantânea, um empresário de sucesso do ramo dos combustíveis. Para o MP, a partir da passagem pelo presídio, Santos "constituiu fortuna de forma relâmpago, enveredando-se para a área política e candidatando-se para cargos públicos". Os promotores não têm dúvidas de que os postos de gasolina são para lavar o dinheiro proveniente de crimes, principalmente do tráfico de drogas. Desde a saída da prisão, Santos acumulou um patrimônio escandalosamente incompatível com sua renda: mais de R$ 100 milhões em apenas quatro anos.

Em 2010, iniciou carreira na política ao se candidatar a deputado federal pelo PSC. Coligado com o PSDB, Santos chegou a exibir na campanha um vídeo ao lado de Alckmin, que aparece saudando sua candidatura. Poucas semanas antes da votação, foi preso novamente por lavagem de dinheiro, estelionato, adulteração de combustível, sonegação fiscal e formação de quadrilha. A investigação começou a partir de uma denúncia que acusava o candidato de trocar combustível por votos. Os 15 postos de gasolina dos quais é sócio também eram suspeitos de fornecer atestados falsos de emprego para presos em regime semiaberto que precisavam comprovar vínculo empregatício. Seus bens foram bloqueados e, em sua mansão, a polícia apreendeu máquinas de contar dinheiro e uma Ferrari avaliada em R$ 1,5 milhão. Quarenta tijolos de maconha, totalizando 34 kg, também foram encontrados em um dos carros da campanha do candidato. Mesmo com tudo isso, Ney Santos foi solto para responder em liberdade, mas perderia a eleição dias depois.

Em 2012, foi eleito vereador de Embu e mostrou força política se tornando presidente da Câmara Municipal. Naquela época, Ney Santos já demonstrava ter uma boa rede de contatos dentro de partidos políticos. A afinidade com Marco Feliciano, por exemplo, não é apenas religiosa. O deputado é um importante aliado político e, segundo o pastor, o seu "gabinete é um pedaço de Embu em Brasília". Feliciano chegou até a ser agraciado como cidadão embuense por indicação de Santos, que costuma aparecer em vídeos de cultos neopentecostais.

Em 2013, o vereador novamente respondeu por compra de votos e chegou a ter o mandato cassado por decisão unânime no Tribunal Regional Eleitoral de São Paulo. Ele utilizava uma ONG para oferecer serviços de atendimento médico, odontológico e estético à população em troca de votos. Ficou afastado por cinco meses, mas recuperou o mandato por meio de uma liminar.

Nada disso abalou Santos, que continuou buscando alçar mais voos na política. Em 2016, teve a candidatura à prefeitura de Embu impugnada pela Justiça Eleitoral com base na Lei da Ficha Limpa. Então, uma nova liminar permitiu que ele se candidatasse e fosse eleito prefeito pelo PRB, o partido da Igreja Universal. Sua eleição teve apoio maciço da população, e ele abocanhou impressionantes 79% dos votos. Dos 15 vereadores eleitos, 12 eram da base aliada do futuro prefeito. Uma força política para ninguém botar defeito.

A posse de Ney Santos como prefeito, no entanto, acabou barrada pela Justiça ao decretar novamente sua prisão por lavagem de dinheiro e associação ao tráfico de drogas. Ele, então, sumiu da cidade e ficou foragido por 40 dias. Mas, graças a uma liminar obtida no STF com Marco Aurélio Mello, o pedido de prisão foi suspenso, e Ney Santos pôde assumir a prefeitura normalmente. Perceba como, apesar das idas e vindas, as coisas sempre acabam dando certo para ele nos tribunais.

Durante sua gestão, o prefeito nomeou Renato Oliveira, ex-integrante do MBL, para ser seu subsecretário de Comunicação. Oliveira e seu segurança foram acusados de participar de um atentado contra um cartunista crítico do prefeito que trabalha para o Verbo Online, um site de notícias da região de Embu. O cartunista estava de moto e foi atropelado pelo subsecretário. Na sequência, levou três tiros do segurança, que trabalha também como agente penitenciário. Horas após a tentativa de homicídio, a vítima recebeu uma mensagem que dizia: "os próximos tiros serão na sua cara pra aprender a parar de ser falador". É o *modus operandi* do PCC aplicado à gestão pública.

Temendo ser condenado às vésperas do julgamento do seu habeas corpus no STF, Ney Santos pediu licença do cargo e fugiu para o Paraguai em avião clandestino. Mas nem precisava, as instituições continuariam funcionando normalmente para ele. Com a ajuda dos votos de Alexandre de Moraes, ex-filiado do PSDB e ex-secretário de Segurança Pública de Alckmin, e de Marco Aurélio Mello, que já o havia livrado antes, ele poderá assumir novamente a prefeitura[1]. Essa foi só mais uma da sequência de grandes vitórias que ele vem obtendo nos tribunais, apesar de as fartas provas continuarem a pular na nossa cara. Assim, o menino que iniciou carreira política assaltando carro-forte com uma metralhadora poderá continuar sua vitoriosa trajetória.

1 Ney Santos segue à frente da prefeitura de Embu das Artes. Ele foi reeleito nas eleições municipais de 2020 pelo Republicanos. Disponível em: https://g1.globo.com/sp/sao-paulo/noticia/2021/01/01/ney-santos-e-vereadores-tomam-posse-em-embu-das-artes-na-grande-sp-veja-lista-de-eleitos.ghtml.

REFERÊNCIAS

ALCKMIN com suposto líder do PCC. YouTube: tvamigospl, 20 set. 2010. Disponível em: https://www.youtube.com/watch?v=EjQu-ouQZO-c&ab_channel=tvamigos.pl. Acesso em: 30 jun. 2021.

CARAMANTE, André. Justiça decreta prisão de candidato suspeito de ligação com o PCC. **Folha de S. Paulo**, 18 set. 2020. Disponível em: https://www1.folha.uol.com.br/fsp/poder/po1809201025.htm. Acesso em: 30 jun. 2021.

DE BIAGGIO, Rita. Ney Santos é cassado e deve deixar gabinete da Câmara, segundo Justiça Eleitoral. **Câmara Municipal de Embu das Artes**, 25 jul. 2013. Disponível em: http://www.cmembu.sp.gov.br/noticias/121/ney-santos-e-cassado-e-deve-deixar-gabinete-da-camara-segundo--justica-eleitoral. Acesso em: 30 jun. 2021.

FARIAS, Bruno. Polícia Civil indiciou Renato Oliveira e seu segurança, o agente penitenciário Lenon Roque, por atentado contra jornalista Gabriel Binho, em Embu das Artes (Grande SP). **Ponte**, 18 fev. 2018. Disponível em: https://ponte.org/susecretario-de-comunicacao-e-suspeito-de-atentado-contra-jornalista/. Acesso em: 30 jun. 2021.

INDICIADO por atentado contra jornalista, subsecretário de Embu das Artes é exonerado do cargo. **O Taboanense**, 20 fev. 2018. Disponível em: https://www.otaboanense.com.br/indiciado-por-atentado-contra--jornalista-subsecretario-de-embu-das-artes-e-exonerado-do-cargo/. Acesso em: 30 jun. 2021.

NEY SANTOS e vereadores tomam posse em Embu das Artes, na Grande SP; veja lista de eleitos. **G1**, 1 jan. 2021. Disponível em: https://g1.globo.com/sp/sao-paulo/noticia/2021/01/01/ney-santos-e-vereadores-tomam--posse-em-embu-das-artes-na-grande-sp-veja-lista-de-eleitos.ghtml. Acesso em: 30 jun. 2021.

PÁDUA, Luciano. Justiça nega remoção de vídeos no YouTube que associam prefeito a PCC. **Jota**, 21 fev. 2018. Disponível em: https://www.jota.info/coberturas-especiais/liberdade-de-expressao/justica-nega-remocao-de-videos-no-youtube-que-associam-prefeito-pcc-21022018. Acesso em: 30 jun. 2021.

SANTOS, Ney. Ney Santos em culto de Ação de Graças — Conectados 2015. YouTube: Ney Santos, 17 abr. 2016. Disponível em: https://www.youtube.com/watch?v=VA4sgu8RE3o&t=60s&ab_channel=NeySantos. Acesso em: 30 jun. 2021.

SANTOS, Ney. Nosso amigo e parceiro deputado Pastor Marco Feliciano nos enviou com muito carinho [...]. Facebook: Ney Santos, 18 fev. 2018. Disponível em: https://www.facebook.com/watch/?v=1425960674197823. Acesso em: 30 jun. 2021.

SOARES, Jussara. Suspeito de ligação com crime, prefeito de Embu das Artes vive com habeas corpus. **O Globo**, 18 mar. 2018. Disponível em: https://oglobo.globo.com/brasil/suspeito-de-ligacao-com-crime-prefeito-de-embu-das-artes-vive-com-habeas-corpus-22501266. Acesso em: 30 jun. 2021.

POLÍCIA FEDERAL:
A LEI É PARA TODOS. SÓ QUE NÃO

MAIO DE 2018

FINALIZADA, A OPERAÇÃO OUVIDOS MOUCOS, QUE LEVOU O REITOR DA UFSC AO SUICÍDIO, NÃO TRAZ NENHUMA PROVA. DELEGADA QUE CONDUZIU A INVESTIGAÇÃO NÃO FOI PUNIDA

NO FILME *Polícia Federal: a lei é para todos*, que conta a história da Lava Jato, a atriz Flávia Alessandra interpreta a personagem Bia, que é inspirada na delegada da força-tarefa Erika Mialik Marena. Para interpretar a heroína, a atriz esteve com a delegada, a quem qualificou como "doce", "leve" e "sagaz". Erika trabalhou até o final de 2016 na Lava Jato, quando foi transferida para Santa Catarina e comandou a operação Ouvidos Moucos. Flávia Alessandra não poderia imaginar que a "doce" delegada seria responsável pela investigação que destruiu a vida de um homem inocente.

É o que jornalistas da Veja e da Folha concluíram após a leitura das 817 páginas que compõem o relatório final da Polícia Federal sobre desvios de verbas na Universidade Federal de Santa Catarina, a UFSC. Desde a prisão do reitor Luiz Carlos Cancellier, já se sabia da absoluta inexistência de provas para incriminá-lo. Agora, com a investigação finalizada, tem-se a confirmação definitiva.

Com a anuência do Ministério Público Federal e da Justiça Federal, a delegada determinou a prisão preventiva do reitor por obstrução da investigação — o que também não ficou comprovado —, inundando os principais jornais do país com manchetes que apontavam um desvio de R$ 80 milhões na universidade. Sem nunca ter sido ouvido pela delegada, o reitor foi descrito como o chefe da organização criminosa que teria comandado o esquema. À época da prisão, Erika afirmou que a Polícia Federal agia com responsabilidade e que não faria um pedido desses se não tivesse "convicção da sua necessidade".

A responsabilidade era tanta, que, mais tarde, a própria polícia desmentiu a informação que havia dado: não houve desvio de R$ 80 milhões. Esse valor se referia ao total dos repasses entre 2008 e 2016 para o programa de ensino a distância, alvo da investigação. A PF, aliás, até hoje não foi capaz de informar o valor total dos desvios. Mas já era tarde demais, o reitor já havia sido condenado no noticiário como chefe desse milionário esquema de corrupção. Seu irmão revelou que ele "tinha medo de sair à rua e alguém lhe dizer: 'O senhor não é o reitor dos 80 milhões?'".

Cancellier foi algemado, acorrentado pelos pés e levado a um presídio de segurança máxima, onde permaneceu detido por 30 horas. Foi solto após um habeas corpus, mas continuou proibido de entrar na universidade. Tamanha humilhação e injustiça o levaria ao suicídio 18 dias depois.

O relatório final da polícia afirma que o reitor é chefe de uma organização criminosa pelo simples fato de ter nomeado alguns professores que praticavam uma "política de desvios e direcionamento nos pagamentos das bolsas" do programa de ensino a distância. Não há um documento, uma testemunha ou qualquer outro fato que incrimine o professor. Outras 23 pessoas da universidade foram indiciadas por formação de quadrilha, lavagem de dinheiro e peculato. Mas mesmo esses crimes não ficaram comprovados e estão sustentados apenas por indícios extremamente frágeis.

A quadrilha supostamente teria agido entre 2008 e 2017 — Cancellier assumiu o cargo em 2016. Apesar de afirmar que a quadrilha só "se manteve em funcionamento naqueles moldes" graças à sustentação política do reitor, o relatório não explica quem comandou o suposto esquema durante os seus oito anos iniciais. Os reitores anteriores nunca foram sequer investigados. Perceba como nada faz sentido.

Os indícios apurados pela investigação revelam algumas pequenas falcatruas isoladas dentro da universidade, e não um grande esquema de corrupção planejado por uma quadrilha chefiada pelo reitor. Professores da UFSC acreditam que os desvios não tenham passado de R$ 500 mil. A delegada montou um quebra-cabeça errado, baseado em suspeitas e convicções.

Após a morte de Cancellier, sua família denunciou no Ministério da Justiça os abusos e irregularidades cometidos pela Operação, o que levou à instauração de uma sindicância contra a delegada Erika Marena. Ela foi inocentada pela corregedoria num processo bastante suspeito e transferida para Sergipe. Não ganhou nenhum gancho, nenhuma advertência, nada. A corporação entende que os métodos adotados pela delegada foram corretos.

A Folha questionou a Polícia Federal sobre a falta de provas contra o reitor nas mais de 800 páginas do relatório final. A resposta foi vergonhosa: a PF se limitou a dizer que a investigação foi encerrada pela corporação e agora está sob análise do Ministério Público Federal. Simples assim.

Outras universidades federais também têm sofrido uma devassa da Polícia Federal, que usa os mesmos métodos arbitrários para apurar casos de corrupção. Com o apoio de parte da mídia, da Justiça e da opinião pública, nada parece colocar um freio nesses abusos. Cresce a olhos vistos o autoritarismo do Estado brasileiro nos últimos anos. A convicção sem provas de uma delegada, endossada pela Justiça e pelo Ministério Público Federal, transformou um professor de uma universidade federal em chefe de quadrilha e nada lhe aconteceu. O *modus operandi* se repete em outras operações da PF.

Infelizmente, o ambiente criado nos últimos anos e o baixo nível do debate no país fazem com que qualquer crítica a essas operações seja encarada como conivência com a corrupção. Eu posso imaginar quantas pessoas lerão este artigo e dirão que se trata de um ataque contra aqueles alçados à condição de heróis da nação.

Ninguém pode ser contra o combate à corrupção, desde que seja feito dentro das leis e preservando direitos fundamentais, como a presunção da inocência. O estado de direito deu lugar a um estado policialesco, em que inocentes podem ser tratados como bandidos; e Torquemadas, mocinhos na tela do cinema.

REFERÊNCIAS

FILHO, João. A truculência do Estado contra as universidades federais. **The Intercept Brasil**, 10 dez. 2017. Disponível em: https://theintercept.com/2017/12/10/a-truculencia-do-estado-contra-as-universidades-federais/?comments=1#comments. Acesso em: 27 jun. 2021.

NETO, Adalberto. Flávia Alessandra fala sobre delegada da Operação Lava-Jato: "um doce". **O Globo**, 14 fev. 2017. Disponível em: https://blogs.oglobo.globo.com/gente-boa/post/flavia-alessandra-fala-sobre-delegada-da-operacao-lava-jato-um-doce.html. Acesso em: 27 jun. 2021.

NUNES, Wálter. Assessor produziu parecer para eximir delegada da PF em sindicância. **Folha de S. Paulo**, 1 fev. 2018. Disponível em: https://www1.folha.uol.com.br/poder/2018/02/1954885-assessor-produziu-parecer-para-eximir-delegada-da-pf-em-sindicancia.shtml. Acesso em: 27 jun. 2021.

NUNES, Wálter. PF liga ex-reitor da UFSC a desvio, mas não apresenta provas em 817 páginas. **Folha de S. Paulo**, 10 maio 2018. Disponível em: https://www1.folha.uol.com.br/amp/cotidiano/2018/05/pf-liga-ex-reitor-da-ufsc-a-desvio-mas-nao-apresenta-provas-em-817-paginas.shtml?_twitter_impression=true. Acesso em: 27 jun. 2021.

OPERAÇÃO Ouvidos Moucos: reitor da UFSC é preso por desvio de recursos. YouTube: Programa SC no Ar, 15 set. 2017. Disponível em: https://www.youtube.com/watch?t=1m34s&v=Qp-je9QSmBE&feature=youtu.be&ab_channel=ProgramaSCnoAr. Acesso em: 27 jun. 2021.

TOMÁS de Torquemada. Wikipedia. Disponível em: https://en.wikipedia.org/wiki/Tom%C3%A1s_de_Torquemada. Acesso em: 27 jun. 2021.

WEINBERG, Monica; BUSTAMANTE, Luisa; MOLICA, Fernando. A segunda morte: PF acusou Luiz Carlos Olivo de integrar esquema criminoso que desviou R$ 80 milhões, e ele se suicidou. Agora, sai o relatório final — e o resultado é pífio. **Veja**, 27 abr. 2018. Disponível em: https://veja.abril.com.br/revista-veja/a-segunda-morte/. Acesso em: 27 jun. 2021.

JOICE HASSELMANN

FOI O PONTO DE PARTIDA DE ALGUMAS DAS MAIORES MENTIRAS DA ELEIÇÃO

OUTUBRO DE 2018

ESTUDO MOSTRA COMO EX-JORNALISTA ACUSADA DE PLÁGIO ESPALHOU FAKE NEWS E SE ELEGEU COM MAIS DE 1 MILHÃO DE VOTOS "JOIÇANDO" A CAMPANHA

"QUERO SER O BOLSONARO de saias". É assim que Joice Hasselmann projeta o seu mandato na Câmara. Eleita com mais de 1 milhão de votos pelo partido de Jair Bolsonaro, o PSL, a ex-jornalista paranaense ganhou fama nacional após virar uma expoente do reacionarismo brasileiro nas redes sociais. Seu alcance na internet é enorme. Só no Facebook ela conta com quase 2 milhões de seguidores. No YouTube, onde publica vídeos diariamente, já tem mais de 1 milhão.

O estrondoso sucesso online é diretamente proporcional à sua capacidade de disseminar boatos e notícias mal apuradas em suas redes sociais. A jornalista foi a principal responsável por espalhar uma das maiores mentiras do primeiro turno — a fraude nas urnas —, segundo um relatório elaborado por pesquisadores e analistas de dados da Avaaz, uma comunidade de mobilização online com atuação mundial. Avaliando cerca de 10 mil postagens no Facebook, no Twitter e no YouTube, os pesquisadores descobriram que Joice foi um dos pontos de partida da história que visava desacreditar o processo eleitoral no Brasil — mas só os resultados que desagradassem os envolvidos, claro.

A falsa história ganhou força, segundo o monitoramento, depois que Hasselmann fez uma transmissão ao vivo em suas páginas do Facebook e do YouTube. No vídeo, Hasselmann "joiçou" (verbo já incorporado ao léxico da internet) uma suposta fraude nas urnas, ou seja, distribuiu conteúdo falso, exagerado ou plagiado. Ela diz que ficou sabendo por uma fonte que um suposto *hacker* que teria operado em três eleições anteriores estava pronto para agir novamente. Catapultada por outros formadores de opinião bolsonaristas, inclusive os filhos de Bolsonaro e o próprio Jair, a mentira atingiu cerca 16,5 milhões de pessoas nas redes sociais nas 48 horas após as eleições. Às 11h do dia 7 de outubro, a *hashtag* #FraudeNasUrnas alcançou o topo dos *trending topics* do Twitter.

No dia da eleição, a jornalista também contribuiu para a disseminação do vídeo em que um eleitor digita o número 1 e logo aparece a foto de Fernando Haddad, do PT. A postagem atingiu 3,9 milhões de visualizações em seu Facebook. O Tribunal Superior Eleitoral provou a falsidade do vídeo, mas Hasselmann manteve o conteúdo vários dias no ar, antes de excluí-lo. Até agora, aliás, não postou uma correção sobre a mentira que ajudou a disseminar. Curiosamente, os questionamentos sobre as urnas, segundo ela, não se aplicam às votações para governadores e legislativo — que a elegeu. Apenas para a presidência.

No segundo turno, o papel de formadora de opinião a partir de conteúdo de procedência duvidosa foi mantido. Dessa vez, ela escolheu destacar uma suposta interferência do Irã, da Venezuela e do Hezbollah nas eleições brasileiras. A única evidência para a teoria é um documento escrito pelo deputado norte-americano Dana Rohrabacher para o Secretário de Estado dos Estados Unidos, Mike Pompeo. Hasselmann menciona que o deputado está preocupado com a integridade do processo eleitoral e a segurança dos candidatos, principalmente depois do ataque a Bolsonaro.

Em 20 de outubro, dia em que Joice Hasselmann publicou seu vídeo sobre o tema, a discussão atingiu seu auge. Só no Facebook a publicação teve mais de 2,5 milhões de visualizações e foi compartilhada por pelo menos 2.388 páginas e grupos. No YouTube, o vídeo teve mais de 1,8 milhão de visualizações. No dia seguinte após publicá-lo, a deputada alcançou 1 milhão de inscritos em seu canal.

Natural de Ponta Grossa, no Paraná, a jornalista começou a carreira em programas regionais de rádio e TV. Antes de se tornar um fenômeno das redes, foi âncora de programas na rádio Jovem Pan e na TVeja, lugares em que se sentiu à vontade para dar vazão à sua obsessão em criminalizar as ideias identificadas com a esquerda.

Como profissional, se destacou mais pela oratória do que pelo jornalismo. Articulada e expressiva, sua carreira sempre privilegiou a forma — e não o conteúdo e a apuração. Quando ainda atuava no Paraná, foi denunciada no Conselho de Ética do Sindicato dos Jornalistas por 23 colegas por plagiar pelo menos 65 reportagens em menos de um mês. A plagiadora em série copiava textos de colegas e publicava em seu blog como se fossem de sua autoria — sem crédito, claro. Roubar o trabalho intelectual de colegas de profissão é corrupção em estado bruto, mas ela omite esse detalhe de seu currículo quando brada pela moralidade e pelo combate às falcatruas no mundo político.

Apesar das provas irrefutáveis, Joice Hasselmann ainda nega o que aconteceu. Sua defesa é, basicamente, acusar as vítimas de seus plágios de serem "vagabundos ligados ao PT e à CUT", "invejosos" e "frustrados". Prometeu que iria processar um por um dos seus acusadores — mas, claro, não cumpriu a promessa, já que seria necessário provar em juízo que os plágios não existiram. O caso, no entanto, acabou com a sua carreira na imprensa: cinco meses depois, foi demitida e processada pela Editora Abril.

Depois que o caso veio a público, Reinaldo Azevedo, seu então colega de bancada na TVeja, se recusou a continuar apresentando o programa ao seu lado. Essa seria uma mancha irreparável no currículo de qualquer jornalista — mas, em tempos de pós-verdade, pouco importa. Aliás, parece que foi justamente essa característica que a fez alçar voos mais longos em sua carreira.

A mulher mais votada da história da Câmara despreza o movimento feminista, que, segundo ela, é composto por uma "gente chata que arranca blusa para colocar peito na rua". Em uma participação num esquete de um canal de humor no YouTube, Hasselmann aparece vestindo luvas de boxe para defender Jair Bolsonaro de Maria do Rosário, em uma alusão à famosa discussão no Salão Verde da Câmara. "Você merece (ser estuprada)? Fala, mocreia!", ela pergunta, enquanto desfere socos no ator que atua como Maria do Rosário. "Sabe por que ele falou isso ('você não merece ser estuprada')? Porque você é chata e feia pra caramba!"

Sempre bastante centrada em seu ego, Joice Hasselmann adora criar apelidos para si própria. Primeiro, de carona no sucesso de público da operação da Polícia Federal, se autointitulou "Madrinha da Lava Jato". Ela chegou a escrever uma biografia de Sergio Moro que, do ponto de vista jornalístico, é uma historinha tão chapa branca que parece ter sido escrita pela mãe do juiz.

Depois de ser demitida da Veja, ela continuou usando a marca da empresa sem autorização — registrou, inclusive, o domínio vejajoice.com.br. Mantinha o nome da publicação em suas redes sociais e usava em suas imagens de perfil uma faixa horizontal vermelha, marca de identidade da TVeja. Os advogados da Editora Abril conseguiram tutela de urgência para proibi-la de usar a palavra "veja". A jornalista se recusou a acatar a decisão judicial, o que a levou a ser condenada a pagar multa e indenização por danos morais.

Outro enrosco judicial em que Hasselmann se meteu por causa de uma mentira foi com Luiza Nassif, filha do jornalista Luis Nassif. Ela publicou uma foto de Luiza debaixo da seguinte manchete: "Filha de Luis Nassif comanda ato contra Moro em NY. Nassif recebeu 5,7 milhões do governo petista". Mas era só mais um boato para a coleção da jornalista, condenada a indenizar Nassif. Na sentença, o desembargador a responsabilizou por "divulgar matéria jornalística inverídica" e ainda se viu obrigado a ensinar os preceitos básicos do jornalismo para uma pessoa que se identificava como jornalista. Segundo o juiz, o ofício tem "dever de ser reto e veraz, de checar suas fontes, de apurar a procedência dos fatos, de pesar evidências, evitando a todo custo a divulgação precipitada de fatos delituosos que possam prejudicar a vida e a reputação de pessoas indevidamente". Aparentemente, ela ainda não aprendeu.

Outro boato que ela ajudou a alimentar foi o "Decálogo de Lênin", que seria composto por 10 mandamentos do revolucionário russo e que seria usado pelo PT como uma espécie de manual para se perpetuar no poder. Mas Lênin, a quem a jornalista chama de "ditador russo", nunca escreveu nada disso. Era só Joice sendo Joice mais uma vez.

Os serviços prestados por Hasselmann ao país encantaram Jair Bolsonaro, a quem ela chama carinhosamente de "zero um", uma referência ao filme *Tropa de Elite*. A deputada eleita conta que tinha uma visão equivocada sobre ele, mas tudo mudou quando ela o conheceu de perto e pôde medi-lo com sua régua moral. "Bastou uma conversa pessoalmente para eu enxergar que por trás daquele homem com posições fortes havia um coração bom, honesto, e uma espinha ereta que não se dobra." O capitão a convidou para ser candidata, mas ela titubeou por um momento: "Tive algumas conversas com Bolsonaro e houve um dia em que ele, com olhos marejados, depois de ser carregado por uma multidão, me disse: 'Se eu tiver um Congresso forte, eu mudo este país'. Aí não teve jeito. Eu não tinha o direito de fugir dessa responsabilidade".

Hasselmann[2] se vê como uma heroína na luta do bem contra o mal. Para ela, o mundo é bem mais simples do que se imagina. Não há complexidade, nuances, contradições. Seu mundo é binário e maniqueísta, como nos contos infantis. "Vou compor a bancada do bem. E a outra é a do mal, que vai tentar atrapalhar o Brasil." Parece que a única razão que a fez entrar para a política é a mesma que a move como jornalista: "a defesa ininterrupta da extinção do PT", obsessão compartilhada por Bolsonaro e praticamente toda a bancada de seu partido.

2 Em 30 de junho de 2021, Joice Hasselmann foi uma das deputadas a assinar o superpedido de impeachment de Bolsonaro, em que foram listados 21 crimes, entregue à Câmara dos Deputados. Na ocasião, a ex-líder do governo na casa chamou o presidente de genocida. Disponível em: http://www.em.com.br/app/noticia/politica/2021/06/30/interna_politica,1282164/joice-hasselmann-sobre-bolsonaro-fui-lider-desse-ogro-desse-monstro.shtml.

Mas o ego de Hasselmann já causou problemas para o PSL durante a campanha. Ela não é considerada confiável por parte de seus correligionários. Sem consultar ninguém do partido que havia definido sua candidatura como deputada federal, a jornalista anunciou publicamente que seria candidata ao governo de São Paulo, causando grande constrangimento. Major Olímpio, presidente do PSL em São Paulo, afirmou que ela "atravessou o samba para querer aparecer". Já Alexandre Frota, também deputado federal eleito, foi ao Twitter para chamá-la de "biscate" e "ratazana que atua nos bastidores".

Apesar de ter causado alvoroço dentro do PSL, Hasselmann é a candidata que mais recebeu verbas do partido: R$ 100 mil, enquanto as demais candidaturas do diretório paulista receberam apenas R$ 5 mil. Sua estrondosa votação, junto com a de Eduardo Bolsonaro, garantirá pelo menos R$ 110 milhões em recursos públicos para o PSL a partir do ano que vem. Será que a deputada, que sempre se escandalizou com os milhões destinados ao Fundo Partidário, continuará escandalizada?

Além da carreira como política e cabo eleitoral da direita, Hasselmann agora também tem ministrado cursos online. Um deles se chama "Comunicação Global com Caráter e Verdade", e há tópicos interessantes como: "Aprenda a enxergar a mentira", "O som da verdade — a verdade tem um som diferente" e "Aula com treinamento para identificar a mentira no dia a dia". No mínimo curioso.

Com esse currículo não é difícil entender por que Joice Hasselmann se tornou o principal polo disseminador da campanha de Bolsonaro. A ex-jornalista foi escalada para dar um verniz de credibilidade aos principais boatos que contribuíram para alavancar a candidatura do capitão, em um esquema de distribuição massiva de mentiras que impressionou até a Comissão Eleitoral da Organização dos Estados Americanos.

REFERÊNCIAS

AVAAZ. Relatório sobre desinformação espalhada pela deputada eleita Joice Hasselmann. **The Intercept**, 26 out. 2018. Disponível em: https://theintercept.com/document/2018/10/26/relatorio-avaaz-joice-hasselmann/. Acesso em: 29 jun. 2021.

BALLOUSSIER, Anna Virginia. "Quero ser o Bolsonaro de saias", diz a deputada eleita Joice Hasselmann. **Folha de S. Paulo**, 18 out. 2018. Disponível em: https://www1.folha.uol.com.br/poder/2018/10/quero-ser-o-bolsonaro-de-saias-diz-a-deputada-eleita-joice-hasselmann.shtml. Acesso em: 29 jun. 2021.

BRAMATTI, Daniel. Puxadores de voto valem R$ 230 milhões para seus partidos. **Estadão**, 20 out. 2018. Disponível em: https://politica.estadao.com.br/noticias/eleicoes,puxadores-de-voto-valem-r-230-milhoes-para-seus-partidos,70002555314. Acesso em: 29 jun. 2021.

CONSELHO de Ética comprova plágio praticado pela jornalista Joice Hasselmann. **Sindijor PR**, 22 jun. 2015. Disponível em: http://www.sindijorpr.org.br/noticias/6066/conselho-de-etica-comprova-plagio-praticado-pela-jornalista-joice-hasselmann. Acesso em: 29 jun. 2021.

GIELOW, Igor. Campanha de Jair Bolsonaro é marcada por intrigas e improviso. **Folha de S. Paulo**, 2 set. 2018. Disponível em: https://www1.folha.uol.com.br/poder/2018/09/campanha-de-jair-bolsonaro-e-marcada-por-intrigas-e-improviso.shtml. Acesso em: 29 jun. 2021.

GOULART, Josette. Aluguel do PSL custa R$ 1,8 milhão à campanha de Bolsonaro. **Piauí**, 14 set. 2018. Disponível em: https://piaui.folha.uol.com.br/aluguel-do-psl-custa-18-milhao-de-reais-campanha-de-bolsonaro. Acesso em: 29 jun. 2021.

HASSELMANN, Joice. A escória do jornalismo só podia estar num sindicato ligado a CUT. Minha resposta aos vira-latas: *Retournez a la Merde*!

[...]. Facebook: Joice Hasselmann, 23 jun. 2015. Disponível em: https://www.facebook.com/joicehasselmann/posts/902083493197174/. Acesso em: 29 jun. 2021.

HASSELMANN, Joice. Diga NÃO ao aumento do Fundo Partidário! Você vai pagar 3,5 BILHÕES para as campanhas destes parlamentares? [...]. Facebook: Joice Hasselmann, 29 jun. 2017. Disponível em: https://www.facebook.com/watch/?v=1598375486901301. Acesso em: 29 jun. 2021.

HASSELMANN, Joice. Não! são vagabundos ligados ao PT. [...]. Twitter: @joicehasselmann, 22 jun. 2015. Disponível em: https://twitter.com/joicehasselmann/status/613195876765433856. Acesso em: 29 jun. 2021.

JOICE Hasselmann é condenada a indenizar revista Veja. **Portal Comunique-se**, 27 mar. 2018. Disponível em: https://portal.comunique-se.com.br/joice-hasselmann-e-condenada-a-indenizar-revista-veja/. Acesso em: 29 jun. 2021.

JOICE Hasselmann vs Maria do Rosário. YouTube: Canal Hipócritas, 28 set. 2018. Disponível em: https://www.youtube.com/watch?v=M7ypAi-22d9E&ab_channel=CanalHipocritas. Acesso em: 29 jun. 2021.

MATSUKI, Edgard. Decálogo de Lênin foi escrito em 1913 pelo pai do comunismo #boato. **Boatos.org**, 16 out. 2017. Disponível em: https://www.boatos.org/politica/decalogo-lenin-escrito-1913.html. Acesso em: 29 jun. 2021.

MENDONÇA, Ana. Joice Hasselmann sobre Bolsonaro: "Fui líder desse ogro, desse monstro". **Estado de Minas**, 30 jun. 2021. Disponível em: https://em.com.br/app/noticia/politica/2021/06/30/interna_politica,1282164/joice-hasselmann-sobre-bolsonaro-fui-lider-desse-ogro-desse-monstro.shtml. Acesso em: 30 jun. 2021.

NÊUMANNE, José. Joice diz que PT se mostrou uma quadrilha, não um partido. **Estadão**, 24 out. 2018. Disponível em: https://politica.estadao.com.br/blogs/neumanne/joice-diz-que-pt-se-mostrou-uma-quadrilha-nao-um-partido/. Acesso em: 29 jun. 2021.

PADILHA, Paula Zarth. Confira a lista dos links originais que foram plagiados e levou à punição de Joice Hasselmann. **Terra Sem Males**, 24 jun. 2015. Disponível em: https://www.terrasemmales.com.br/confira-a-lista-dos-links-que-foram-plagiados-e-levou-a-punicao-de-joice-hasselmann/. Acesso em: 29 jun. 2021.

SENTENÇA condenatória contra Joice Hasselmann. **Tribunal de Justiça do Estado de São Paulo**, 14 mar. 2018. Disponível em: https://www.conjur.com.br/dl/jornalista-condenada-200-mil-descumprir.pdf. Acesso em: 29 jun. 2021.

QUEM SÃO OS YOUTUBERS RECOMENDADOS POR JAIR BOLSONARO

NOVEMBRO DE 2018

OS "EXCELENTES CANAIS DE INFORMAÇÃO" PARA BOLSONARO SÃO CONHECIDOS DISSEMINADORES DE MENTIRAS E TEORIAS DA CONSPIRAÇÃO

O PRESIDENTE deixou claro que seguirá à risca os passos de Donald Trump na relação com a imprensa. Além de vetar a presença de determinados jornalistas em sua primeira entrevista coletiva como presidente eleito, Jair Bolsonaro tentou proibir a entrada de um repórter no plenário do Congresso para a comemoração dos 30 anos da Constituição Federal.

Também tem ficado claro o uso de uma tática para desmoralizar a imprensa: pessoas ligadas a Bolsonaro vazam informações para jornalistas, que são publicadas. Logo em seguida, bolsonaristas negam tudo, sempre em tom de deboche, colocando dúvidas sobre a confiabilidade do conteúdo. Bolsonaro passará o mandato jogando essas cascas de banana no caminho do jornalismo.

Todas as críticas contra Bolsonaro já estão com um antídoto preparado. A teoria, difundida com sucesso, é a de que a imprensa é formada quase que completamente por esquerdistas que fabricam mentiras para prejudicar o presidente de extrema direita. A fórmula bem-sucedida da eleição permanecerá nos próximos quatro anos. O bolsonarismo investirá pesado na manipulação da opinião pública, pautando os debates centrais e colocando toda e qualquer crítica ou denúncia no mesmo saco da "mídia esquerdista".

Mas Bolsonaro tem uma imprensa para chamar de sua. Nesta semana, ele recomendou nas redes sociais uma lista de canais de informação no YouTube que são de sua confiança. Escrevi um pouco a respeito de cada uma dessas "excelentes opções de informação". Tenho certeza de que você não vai se surpreender nem um pouco com a credibilidade desses canais.

EMBAIXADA DA RESISTÊNCIA E TRADUTORES DE DIREITA

CANAIS COMANDADOS por pessoas anônimas que basicamente colocam legendas em português em vídeos estrangeiros, a maioria deles com conteúdo reacionário feito nos Estados Unidos. Muitos dos vídeos são programas da Fox News ou produzidos pela militância pró-Trump. Há também alguns vídeos de Bolsonaro legendados em inglês. O canal fornece poucas informações — às vezes, nenhuma — sobre os vídeos e não costuma colocar a fonte.

Em um deles, publicado pela Embaixada da Resistência, Patrick Moore aparece dizendo que as "alterações climáticas são um embuste". O canal informa ao visitante apenas que Moore é um "fundador do Greenpeace", mas omite o fato de que hoje ele trabalha como lobista da indústria dos agrotóxicos, da indústria nuclear e do petróleo. Moore é pago para defender que o aquecimento global é uma farsa.

Ambos os canais traduzem muitos vídeos do Infowars, principalmente os estrelados pelo editor-geral do site, Paul Joseph Watson. O Infowars talvez seja a maior fábrica virtual de fake news do mundo. Algumas das mentiras publicadas por esse veículo são: 1) o show de Lady Gaga no Super Bowl foi um ritual satânico disfarçado; 2) Bill Gates tinha um plano secreto para implantar um sistema de eugenia nos EUA aos moldes de Hitler; 3) o furacão Sandy foi fabricado por Obama; 4) Hillary Clinton comandava uma rede de pedofilia que funcionava nos fundos de uma pizzaria; 5) o massacre de Sandy Hook nunca existiu, e as 20 crianças assassinadas eram atores mirins.

DIEGO ROX

COM QUASE 1,65 milhão de seguidores no YouTube, o jovem Diego se tornou um dos principais youtubers do conservadorismo de direita. Mas, até quatro anos atrás, Diego buscava a fama como MC de funk ostentação, cujas letras envergonhariam a família tradicional brasileira que hoje ele defende com fervor. Diego se tornou um neocon brasileiro que funciona basicamente como um papagaio das ideias de Olavo de Carvalho.

Ele acredita, por exemplo, na existência da Ursal, que ficou famosa pelos delírios de Cabo Daciolo, mas que não passa de mais uma teoria da conspiração parida nas profundezas do reacionarismo digital brasileiro.

O youtuber fez campanha ostensiva para Bolsonaro em seu canal durante a eleição. Para ele, a denúncia do #LavaZap feita pela Folha de S. Paulo — que originou uma investigação do TSE — foi "criminosa, ridícula, infantil e baseada em nada" e feita por "jornal de extrema esquerda". Para ele, quase nenhum jornalista presta, já que "as universidades estão formando doentes esquerdopatas". Durante a campanha eleitoral, Diego chamou Boulos de "terrorista" neocon Boulos conseguiu uma liminar junto ao TSE para retirar o vídeo.

Como todo bom reacionário, Rox gosta de lançar a carta da pedofilia e travar um falso debate. "Não há limites para os planos satânicos desses monstros", diz o youtuber sobre as ideias globalistas para defender a pedofilia em todos os cantos do mundo. Os globalistas seriam um conluio entre "George Soros, Rockfeller, família Gates, Ford e ONU" para implantar a "agenda gayzista, feminista, abortista e pregar racismo onde não há racismo". Ele chama um estudo da OMS, ligada à ONU, que considera a pedofilia como um transtorno sexual, de "estudo de merda". Para tentar desacreditar o estudo, Diego cita casos reais de crimes sexuais praticados por soldados e funcionários da ONU e decreta: "a ONU é uma organização criminosa".

O youtuber recomendado pelo presidente eleito acredita também que "o Brasil não é capitalista, mas um país socialista com cartão de crédito" e que "a agenda macabra do PSOL nada mais é do que a agenda da ONU".

BERNARDO KÜSTER

TEM 30 ANOS e gosta de se apresentar como jornalista católico. Como católico, acredita que o Papa Francisco tem uma "posição permissiva em relação aos papas anteriores". É um crítico feroz da Teologia da Libertação e está produzindo um documentário sobre o assunto.

Bernardo costuma reproduzir notícias de canais neocons americanos, como a que afirma categoricamente que "o parlamento francês legalizou oficialmente a pedofilia". Em um dos seus vídeos, ele começa dizendo que há um grande complô da imprensa nacional para abafar o assunto: "A notícia que eu tenho pra dar pra você nesse vídeo é bastante triste. Você não viu na Globo, na Record, na Band, em nenhum grande site de notícia. Depois da França legalizar o aborto, ser tomada por uma migração sem critério, ter a violência aumentada... agora é a vez da pedofilia ser legalizada", afirma, indignado. Desnecessário dizer que se trata de mais uma retumbante mentira.

Reproduzindo o *modus operandi* eleitoral de Bolsonaro, sempre apontando o dedo para fantasmas imaginários, Küster assusta sua audiência com a possibilidade da legalização da pedofilia chegar ao país: "A gente já sabe que isso está vindo para o Brasil".

Em um vídeo no qual debocha das opiniões de Drauzio Varella e da ciência, Küster afirma que "os cientistas de hoje não entendem nada" e fazem as pessoas acreditarem em "mentirinhas" como o evolucionismo e o aquecimento global. Como se vê, não foi à toa que Bolsonaro atestou a confiabilidade desse canal.

OLAVO DE CARVALHO

O ARQUITETO do bolsonarismo dispensa maiores apresentações. É hoje o pensador brasileiro mais popular da internet, e suas ideias servem de base intelectual para o reacionarismo mais chucro do país. É a estrela-guia dos demais youtubers recomendados na lista de Bolsonaro. Sem Olavo, nada do que está acontecendo no Brasil seria possível. Todas as teorias conspiratórias do reacionarismo nasceram ou se popularizaram no Brasil por meio dos seus vídeos no YouTube.

Foi Olavo, por exemplo, um dos responsáveis por popularizar o boato da Ursal, que, nas palavras dele, trata-se de um "órgão do Foro de São Paulo". Só isso já seria motivo para chacota, mas há muito mais.

O guru do bolsonarismo tem grande aversão à ciência moderna. Para ele, "a cultura científica moderna é baseada em falsificações históricas e científicas absolutamente monstruosas" e o "evolucionismo foi pai do comunismo e do nazismo".

Olavo acredita que Albert Einstein foi um farsante que inventou a teoria da relatividade só para não admitir que a Terra é imóvel e "não gira em torno do sol". Isaac Newton? Seria portador de "uma burrice formidável". Galileu? Não passou de um charlatão protegido pelo Papa.

Ele também afirma com muita convicção que cigarro não faz mal à saúde e que combustíveis fósseis não existem. Todas essas constatações científicas seriam obra dos globalistas para impor sua agenda ao mundo. Para Olavo, a Globo é a grande responsável pela disseminação do marxismo cultural no país.

Um dos seus vídeos mais famosos reproduz um dos boatos mais esdrúxulos já fabricados na internet. A Pepsi, segundo ele, adoçava seus refrigerantes com células de fetos humanos abortados. "Quem bebe Pepsi é um abortista terceirizado", afirmou o farol intelectual do bolsonarismo.

NANDO MOURA

METALEIRO, CATÓLICO e conservador, Nando é o youtuber mais popular da lista de recomendações de Bolsonaro e conta com mais de 3,17 milhões de seguidores no YouTube. Costuma arranjar tretas com outras estrelas das redes sociais e falar muitos palavrões, mimetizando o seu guru Olavo de Carvalho.

Para Nando Moura, o "conservadorismo não é uma ideologia", o nazismo foi um sistema de governo de esquerda e o aquecimento global é uma farsa. Ele já entrevistou duas vezes Jair Bolsonaro para seu canal. Entrevistou também o professor de geografia Ricardo Felício, um negacionista do aquecimento global que se candidatou (e perdeu) a uma vaga na Câmara pelo partido de Bolsonaro.

Quando Dilma sofreu impeachment, Nando publicou um vídeo intitulado "A PUTA VERMELHA CAIU!!! #TCHAUQUERIDA", em que aparece assistindo à votação e xingando esquerdistas. "Colocaram essa puta lá, agora ela está saindo, seus filhos da puta. Chora, seus filhos da puta", esperneou Nando Moura.

Esses são os veículos de informação que o nosso presidente eleito recomenda como confiáveis. Desejo boa sorte a todos nós a partir de 2019. Mamadeira de piroca vai ser fichinha perto do que está por vir.

REFERÊNCIAS

BRIZZI, João; PONTIN Fabricio. Carta de Olavo de Carvalho de 2016 anunciava as discussões do Brasil de hoje. **The Intercept Brasil**, 29 out. 2018. Disponível em: https://theintercept.com/2018/10/28/novo-brasil-esculpido-olavo-de-carvalho/. Acesso em: 30 jun. 2021.

CHAMADO de terrorista, Boulos consegue liminar para tirar vídeo do ar. **Blog do Jamildo**, 22 ago. 2018. Disponível em: https://jc.ne10.uol.com.br/blogs/jamildo/2018/08/22/chamado-de-terrorista-boulos-consegue-liminar-para-retirar-video-do-ar/index.html . Acesso em: 30 jun. 2021.

CLAYSON. Bernardo Kuster mente novamente. YouTube: Cayson, 26 ago. 2018. Disponível em: https://www.youtube.com/watch?v=SkGr=7-virvY&t-122s. Acesso em: 30 jun. 2021.

COLUCCI JR., José. O fantasma de Darwin 2. **Observatório da Imprensa**, 5 out. 2014. Disponível em: http://www.observatoriodaimprensa.com.br/ciencia/o-fantasma-de-darwin-2/. Acesso em: 30 jun. 2021.

DE CARVALHO, Olavo. Aprendendo física com Olavo de Carvalho. YouTube: D-Dimensões, 27 jun. 2012. Disponível em: https://www.youtube.com/watch?v=ujJJ9bNJMBE&t=24s. Acesso em: 30 jun. 2021.

DE CARVALHO, Olavo. Nas origens da burrice ocidental. **Olavodecarvalho.org**, 15 jun. 2016. Disponível em: http://olavodecarvalho.org/nas-origens-da-burrice-ocidental/. Acesso em: 30 jun. 2021.

DE CARVALHO, Olavo. Pepsi com fetos abortados. YouTube: Secret Science, 3 jul. 2016. Disponível em: https://www.youtube.com/watch?v=7l4WmFjzDls. Acesso em: 30 jun. 2021.

FILHO, João. Bolsonaro pode iniciar mandato sendo investigado por fraudar eleição. **The Intercept Brasil**, 21 out. 2018. Disponível em: https://theintercept.com/2018/10/21/bolsolao-lavazap-whatsapp-bolsonaro/. Acesso em: 30 jun. 2021.

FILHO, João. Como os reacionários conseguiram pautar as redes com uma falsa polêmica na última semana. **The Intercept Brasil**, 22 jul. 2018. Disponível em: https://theintercept.com/2018/07/22/como-os-reacionarios-conseguiram-pautar-as-redes-sociais-com-uma-falsa-polemica-na-ultima-semana/. Acesso em: 30 jun. 2021.

FUNK ostentação do MC Rox é atração em Resende. **G1**, 3 out. 2014. Disponível em: http://g1.globo.com/rj/sul-do-rio-costa-verde/noticia/2014/10/funk-ostentacao-do-mc-rox-e-atracao-em-resende-no-sul-do-rj.html. Acesso em: 30 jun. 2021.

KÜSTER, Bernardo. Mitos da ciência — não seja enganado. YouTube: Bernardo P. Küster, 11 maio 2018. Disponível em: https://www.youtube.com/watch?v=udhSlztFpBM. Acesso em: 30 jun. 2021.

"MAMADEIRAS eróticas" não foram distribuídas em creches pelo PT. **Aos Fatos**, 28 set. 2018. Disponível em: https://www.aosfatos.org/noticias/mamadeiras-eroticas-nao-foram-distribuidas-em-creches-pelo-pt/. Acesso em: 30 jun. 2021.

MOORE, Patrick. "Alterações climáticas são um embuste": entrevista imperdível de Steven Crowder com um dos fundadores do Greenpeace, Patrick Moore. YouTube: Embaixada da Resistência, 7 jun. 2017. Disponível em: https://www.youtube.com/watch?v=eEMnSlzfWxw. Acesso em: 30 jun. 2021.

NAGLE, Leda. Bernardo Küster: jornalista católico, sucesso no YouTube. YouTube: Leda Nagle, 11 out. 2018. Disponível em: https://www.youtube.com/watch?v=QEl-x4boing. Acesso em: 30 jun. 2021.

PEROTTI, Denise. Crítica do PT, socióloga diz que inventou Ursal em 2001 como ironia. **Folha de S. Paulo**, 8 ago. 2018. Disponível em: https://www1.folha.uol.com.br/poder/2018/08/critica-do-pt-sociologa-diz-que-inventou-ursal-em-2001-como-ironia.shtml. Acesso em: 30 jun. 2021.

ROX, Diego. Diego Rox falando sobre o socialismo. YouTube: Canal do Egito Santo e Sagrado, 2 maio 2018. Disponível em: https://www.youtube.com/watch?v=k_DQ-I9Kluo. Acesso em: 30 jun. 2021.

ROX, Diego. Pedofilia, Globo e ONU. YouTube: Matheus da Bandit, 20 jul. 2018. Disponível em: https://www.youtube.com/watch?v=ttHP-dEQO9IE. Acesso em: 30 jun. 2021.

SANDY HOOK Elementary School shooting. Wikipedia. Disponível em: https://en.wikipedia.org/wiki/Sandy_Hook_Elementary_School_shooting. Acesso em: 30 jun. 2021.

FILHOS DE BOLSONARO **PRECISAM REFLETIR NO CANTINHO DO CASTIGO**

DEZEMBRO DE 2018

SÃO HOMENS, REPRESENTANTES DO POVO COM RESPONSABILIDADES, MAS AGEM COMO SE O BRASIL FOSSE A EMPRESA DO PAPAI

JOICE HASSELMANN, a plagiadora geral da nação, disse durante a eleição que o PT forjaria um falso atentado contra Haddad para criar comoção em seu favor. Era só mais uma das inúmeras mentiras jogadas no ar pelo bolsonarismo para manipular a opinião pública. Mesmo após a eleição, toda hora cria-se um bicho-papão diferente para manter o clima de medo e a tropa alerta. Sempre há uma força obscura conspirando contra o pobre coitado de Jair Bolsonaro. A nova onda da trupe agora é cobrar nas redes sociais os nomes dos reais mandantes da facada sofrida pelo então candidato.

Segundo as investigações até aqui, Adélio Bispo, o autor da facada em Juiz de Fora, agiu sozinho, e não há nada que indique a existência de outros atores na tentativa de assassinato além das vozes da sua cabeça. Mesmo assim, Joice e os filhotes de Bolsonaro seguem alimentando a conspiração de que há gente muito poderosa empenhada em acabar com a vida desse homem simples que come pão com leite condensado.

Nesta semana, os pescadores de ilusões trouxeram uma novidade fresquinha para o mercado da boataria. Carlos Bolsonaro (2018a) lançou uma suspeita gravíssima no Twitter, afirmando que há gente no seio do governo eleito que deseja a morte do presidente. Ele insinua que há forças ocultas querendo ver seu pai no caixão, mas dessa vez o inimigo é outro.

> A morte de Jair Bolsonaro não interessa somente aos inimigos declarados, mas também aos que estão muito perto. Principalmente após de sua posse! É fácil mapear uma pessoa transparente e voluntariosa. Sempre fiz minha parte exaustivamente. Pensem e entendam todo o enredo diário!

Se há alguma suspeita de que se conspira contra a vida do presidente eleito, é obrigação do vereador, que, por um acaso, é o seu filho, denunciar à Polícia Federal e esclarecer à população. Quem seriam esses inimigos internos que desejam secretamente a morte do presidente? Carlos não dará nome aos bois porque tudo leva a crer que nada disso é verdade. A mentira virou um cacoete da família Bolsonaro.

O histórico de Carlos confirma a suspeita. Ele, considerado o grande estrategista de Bolsonaro na internet, que chegou a ser cogitado para o ministério da Comunicação, não usa as redes sociais apenas para fazer seu proselitismo chulé, mas também para espalhar boatos que ajudem a impulsionar as narrativas bolsonaristas. Durante a campanha, ele manipulou o processo eleitoral com pelo menos três grandes mentiras: divulgou um cartaz falso que associava gays à pedofilia; publicou uma notícia falsa na qual dizia que o TSE enviara os códigos das urnas eletrônicas para a Venezuela; e compartilhou a informação falsa de que Haddad escreveu um livro defendendo o incesto. Alertado sobre essas mentiras, Carlos não apagou os tuítes imediatamente (alguns não foram apagados até hoje) e não fez qualquer retratação.

A fabricação do novo boato parece ter o objetivo de enviar um recado para aliados que viraram pedras no sapato da família Bolsonaro. Pode ser para o vice Hamilton Mourão ou pode ser para o presidente do PSL,

Gustavo Bebianno[3] — ambos estão em conflito com os filhos do presidente desde a campanha.

A eleição acabou, mas o filho do mandatário máximo do país continua brincando de teoria da conspiração. Só que desta vez ele está jogando uma grave suspeita sobre o próprio governo. Não estamos mais falando de mamadeiras de pirocas que prejudicam o adversário, mas da vida de um presidente que acabou de ser democraticamente eleito. A denúncia irresponsável não teve maiores consequências porque Carlos não é levado a sério por ninguém. Mas até onde o vereador será capaz de chegar?

O presidente eleito, em vez de tentar amenizar o estrago, deu asas à irresponsabilidade do filho e confirmou que realmente é um cabra marcado para morrer: "Minha morte interessa a muita gente".

Outro filho de Bolsonaro, Eduardo, também protagonizou suas presepadas nesta semana, mas com o agravante de serem presepadas internacionais. Com muita raça e pouca técnica, Bolso-filho foi aos EUA representar Bolso-pai e se saiu muito mal. Não se portou como o representante da Câmara mais votado da história do país, mas como o filhinho cheio de autoridade para falar sobre tudo o que envolve o governo de papai. Segundo ele, o objetivo da viagem era o de "resgatar a credibilidade do Brasil", o que certamente ficou longe de acontecer.

Eduardo vestiu o boné da campanha de reeleição de Trump e ainda pediu para ser fotografado, ignorando que o próximo presidente americano com quem Bolsonaro irá tratar pode ser um democrata. Além de cumprir esse papelão de cabo eleitoral, Eduardo confirmou diversas bobagens que seu pai já tinha desconfirmado, como a transferência da embaixada de Israel para Jerusalém. "A questão não é perguntar se vai, é perguntar quando vai", decretou Eduardo.

Na prática, a mudança serve apenas para bajular Trump e Israel e colocar a nossa vantajosa relação comercial com os países árabes em risco. O alerta

3 Gustavo Bebianno foi advogado, assessor de Jair Bolsonaro e presidente do PSL. Ele morreu em março de 2020 de infarto.

do general Mourão, que havia recomendado cautela sobre esse tema, foi ignorado. É que Eduardo acredita que não teremos nenhum problema com os países árabes. Ele acha que, ao se posicionar contra o Irã — para ele, a maior ameaça à região —, o país deixará claro a sua intenção de manter bom relacionamento com o resto das nações árabes. Essa análise não faz o menor sentido e não passa de mais uma infantilidade puramente ideológica. O Brasil teve um superávit de US$ 4,5 bilhões com o Irã neste ano, tendo crescido 77% em relação a 2017. É o maior importador de milho do Brasil. É o nosso sexto maior cliente no mundo e representa o segundo maior superávit, só perdendo para a China.

E por falar em China, Eduardo também resolveu criar atrito com nosso principal parceiro comercial, imbuído de uma necessidade canina em demonstrar fidelidade ao governo Trump. Mas latir para a China e abanar o rabo para os EUA é uma estupidez retumbante para um país que pretende se recuperar de uma crise econômica. Mais uma vez, Mourão, que é, vamos dizer assim, o homem mais sensato do bolsonarismo, havia avisado que "não podemos nos descuidar do relacionamento com a China". Mas quem segura o ímpeto de Eduardo?

Ele afirmou para os investidores americanos que o país asiático "é o maior parceiro do Brasil não por causas naturais, mas porque nossos ex-presidentes quiseram fazer isso. Se trabalharmos para deixar o mercado livre e com políticas liberais, os EUA estarão de volta como principal parceiro comercial do Brasil" — uma idiotice que fala por si só.

Apesar de ser um importante parceiro comercial, nossa relação com os EUA nos últimos 10 anos tem sido desvantajosa. Os americanos tiveram um superávit neste período de US$ 90 bilhões. Há dois meses, Trump reclamou dos negócios com o Brasil: "Eles cobram de nós o que querem. Se você perguntar a algumas empresas, eles dizem que o Brasil está entre os mais duros do mundo, talvez o mais duro".

O perfil protecionista de Trump e o histórico recente da balança comercial não deixam dúvidas de que a China é um parceiro comercial muito melhor para o capitalismo brasileiro. Que raio de capitalistas são esses que vão nos governar?

Mas teve mais presepada nessa viagem. Em um almoço com investidores americanos, Eduardo quis bancar o sincerão e disse que seria difícil aprovar a reforma da previdência. Era tudo o que os investidores não queriam ouvir. Ele chegou até a se desculpar de antemão por um possível fracasso do governo na aprovação da reforma. Em vez de transmitir otimismo e confiança a quem está disposto a investir seu dinheiro no Brasil, transmitiu desconfiança e pessimismo. A declaração repercutiu na imprensa, e Eduardo Bolsonaro (2018c) correu para as redes sociais para negá-la:

> Com interesses estranhos ao da nação, alguém atribuiu a mim essa falsa declaração, mas estou convencido de que teremos condições de aprovar a reforma. Faremos todo o necessário para viabilizá-la, conscientes de que é uma questão de enviar a mensagem certa ao povo brasileiro.

O deputado tentou desmascarar a imprensa, mas saiu desmascarado. Como a declaração foi feita em um encontro fechado, Eduardo nunca imaginou que alguém poderia tê-la registrado. Caiu do cavalo. O Estadão publicou o áudio, que contém exatamente a frase que ele nega ter dito. Mesmo assim, não apagou o tuíte nem se retratou, como já é um costume de família. Bolso-pai, dessa vez, repreendeu Bolso-filho em público e disse que foi um "equívoco do garoto". O garotinho de quase 40 anos tomou bronca do papai, apesar de representá-lo no exterior com o seu aval.

Quando é que Bolsonaro irá colocar suas crias dentro dos seus respectivos quadrados? Esse governo vai ser mesmo um projeto de monarquia da família Bolsonaro? São homens representantes do povo com enormes responsabilidades, mas se comportam como crianças mimadas que tratam o Brasil como se fosse a nova empresa do papai. Está na hora de mandá-los para o cantinho do castigo.

REFERÊNCIAS

BERGAMO, Mônica. Não é o caso de comprar brigas que não podemos vencer, diz Hamilton Mourão. **Folha de S. Paulo**, 23 nov. 2018. Disponível em: https://www1.folha.uol.com.br/poder/2018/11/nao-e-o-caso-de-comprar-brigas-que-nao-podemos-vencer-diz-hamilton-mourao.shtml. Acesso em: 28 jun. 2021.

BOLSONARO, Carlos. A morte de Jair Bolsonaro não interessa somente aos inimigos declarados. [...]. Twitter: @CarlosBolsonaro, 28 nov. 2018a. Disponível em: https://twitter.com/CarlosBolsonaro/status/1067940488580345856?ref_src=twsrc%5Etfw. Acesso em: 28 jun. 2021.

BOLSONARO, Carlos. lgbt-P..:: as letrinhas vão se revelando! [...]. Twitter: @CarlosBolsonaro, 13 jul. 2018b. Disponível em: https://twitter.com/CarlosBolsonaro/status/1017921446625062912. Acesso em: 28 jun. 2021.

BOLSONARO, Eduardo. Com interesses estranhos ao da nação [...]. Twitter: @BolsonaroSP, 28 nov. 2018c. Disponível em: https://twitter.com/BolsonaroSP/status/1067797991942164483. Acesso em: 28 jun. 2021.

COMPROVA: códigos de urnas eletrônicas não foram entregues a venezuelanos. **Poder 360**, 20 set. 2018. Disponível em: https://www.poder360.com.br/eleicoes/comprova-codigos-de-urnas-eletronicas-nao-foram-entregues-a-venezuelanos/. Acesso em: 28 jun. 2021.

DIB, Ana Cristina. Comércio exterior: Brasil tem superávit de US$ 4,5 bilhões no intercâmbio com o Irã em 2018. **Comex do Brasil**, 6 nov. 2018. Disponível em: https://www.comexdobrasil.com/comercio-exterior-brasil-tem-superavit-de-us45-bilhoes-no-intercambio-com-o-ira-em-2018/. Acesso em: 28 jun. 2021.

EDUARDO Bolsonaro fala de mudança da embaixada brasileira em Israel com genro de Trump. **G1**, 27 nov. 2018. Disponível em: https://g1.globo.com/mundo/noticia/2018/11/27/eduardo-bolsonaro-fala-de-mudanca-da-embaixada-brasileira-em-israel-com-genro-de-trump.ghtml. Acesso em: 28 jun. 2021.

É FALSO que Haddad defende incesto em livro publicado em 1998. **Estadão**, 18 out. 2018. Disponível em: https://politica.estadao.com.br/blogs/estadao-verifica/e-falso-que-haddad-defende-incesto-em-livro-publicado-em-1998/. Acesso em: 28 jun. 2021.

FILHO, João. Amadorismo e delírios conspiratórios marcam primeiros passos da política externa de Bolsonaro. **The Intercept Brasil**, 11 nov. 2018. Disponível em: https://theintercept.com/2018/11/11/amadorismo-e-delirios-conspiratorios-marcam-primeiros-passos-da-politica-externa-de-bolsonaro/. Acesso em: 28 jun. 2021.

FILHO, João; FELIZARDO, Nayara. Joice Hasselmann foi o ponto de partida de algumas das maiores mentiras da eleição. **The Intercept Brasil**, 27 out. 2018. Disponível em: https://theintercept.com/2018/10/26/joice-hasselmann-mentiras/. Acesso em: 28 jun. 2021.

GREENWALD, Glenn; POUGY, Victor. Para retratar gays como pedófilos, Carlos Bolsonaro posta no Twitter cartaz falso há muito desmascarado como fraude. **The Intercept Brasil**, 14 jul. 2018. Disponível em: https://theintercept.com/2018/07/14/para-retratar-gays-como-pedofilos-carlos-bolsonaro-posta-no-twitter-cartaz-falso-ha-muito-desmascarado-como-fraude/. Acesso em: 28 jun. 2021.

"MINHA morte interessa a muita gente", diz Bolsonaro ao comentar post do filho. **IG**, 28 nov. 2018. Disponível em: https://ultimosegundo.ig.com.br/politica/2018-11-29/bolsonaro-morte.html. Acesso em: 28 jun. 2021.

OUÇA áudio em que Eduardo Bolsonaro diz que governo 'talvez não consiga' aprovar Previdência. **Estadão**, 28 nov. 2018. Disponível em: https://economia.estadao.com.br/noticias/geral,eduardo-bolsonaro-nega-ter-dito-que-governo-talvez-nao-consiga-aprovar-previdencia,70002625188. Acesso em: 28 jun. 2021.

CALOTES, MENTIRAS E AMEAÇAS: CONHEÇA LUIS MIRANDA, O YOUTUBER ELEITO DEPUTADO FEDERAL

JANEIRO DE 2019

LUIS MIRANDA, ELEITO PELO DEM-DF, É MAIS FAKE DO QUE A MAMADEIRA DE PIROCA: SUAS EMPRESAS FALIRAM E DEIXARAM UM HISTÓRICO DE CALOTES NA PRAÇA

OS PRIMEIROS 15 dias de governo mostram que o bolsonarismo é mesmo o terraplanismo aplicado à política. Nada precisa fazer sentido. Basta se apegar a uma crença, ignorar a realidade dos fatos e seguir em frente. Até agora tem dado certo.

Depois de se elegerem ostentando um anticomunismo insano, parlamentares da bancada do PSL e outros bolsonaristas foram convidados pelo Partido Comunista da China para conhecer a tecnologia de reconhecimento facial em locais públicos — o Big Brother do regime. E lá foram cerca de 20 anticomunistas passear durante 10 dias para conhecer as maravilhas tecnológicas daquele país. Toda essa mamata da trupe de Bolsonaro, incluindo hotel de luxo e passagem aérea em classe executiva, foi financiada pelo comunismo.

As violações dos direitos humanos na China não são motivo de repúdio como são as da Venezuela. Mas há uma explicação. Segundo o deputado pitboy Daniel Silveira, do PSL do Rio — aquele que destruiu a placa de rua simbólica que levava o nome de Marielle Franco —, a China é um "socialismo light", e não uma ditadura como a Venezuela. Eu sei que já devia estar acostumado, mas ainda fico constrangido com a dificuldade que esses novos políticos de extrema direita têm em lidar com conceitos básicos de política. Certamente o nosso pitboy considera o "socialismo chinês" muito mais brando do que a ditadura do PT.

Olavo de Carvalho, o farol intelectual do bolsonarismo, gravou um vídeo dando umas belas chineladas na turma que traiu o movimento antiglobalista e embarcou no trem da alegria. Prometeu não falar mais com sua amiga, a deputada Carla Zambelli, e chamou todos da comitiva de "semianalfabetos" e "caipiras". Olavo nunca teve tanta razão. De fato, alguns vídeos que os bolsonaristas publicaram em suas redes mostram um deslumbre que lembra a família Buscapé chegando em Beverly Hills.

A coisa fica ainda mais cômica quando se descobre que a viagem não foi uma iniciativa do governo brasileiro, mas de um amigo de Alexandre Frota[4], do PSL de São Paulo, o empresário Vinícius de Aquino. Ele combinou a viagem com a embaixada e escolheu os convidados. "Convidei os deputados de que gosto e confio, e que são web influencers, para que esta viagem possa trazer o maior êxito possível", afirmou o empresário, que jurou não estar ganhando nada fazendo essa ponte.

Entre os convidados, o influenciador digital de maior presença na internet é o deputado do Democratas Luis Miranda[5], do Distrito Federal. Ele tem publicado muitos vídeos da viagem e parece ser o parlamentar mais entusiasmado

4 Alexandre Frota foi expulso do PSL em agosto de 2019 e se filiou ao PSDB.

5 Em junho de 2021, Miranda se tornou pivô de uma das maiores crises do governo Bolsonaro. Seu irmão, servidor do Ministério da Saúde, foi alvo de pressões do Planalto para compra da vacina indiana, Covaxin. Miranda diz ter alertado Bolsonaro sobre isso. O governo comprou o imunizante antes da aprovação da Anvisa e por um preço 1.000% superior ao anunciado pela própria fabricante, enquanto negava a oferta da Pfizer e se opunha à CoronaVac. Disponível em: https://www.poder360.com.br/governo/deputado-diz-que-alertou-bolsonaro-sobre-irregularidades-na-covaxin/.

no país da foice e do martelo. É sobre ele que eu quero falar neste texto. A sua trajetória até a Câmara dos Deputados é bastante representativa do embuste que é essa viagem para a China e o bolsonarismo vigente.

Miranda se apresenta na internet como um empreendedor de sucesso. Um *self-made man* que saiu do Brasil sem um tostão e virou um empresário milionário em Miami. Durante anos, se dedicou a contar no YouTube as maravilhas do capitalismo na terra do Tio Sam, sempre comparando com as desgraças do "socialismo brasileiro". Nos vídeos, ele aparece ostentando imóveis, carros, lancha e bolos de notas de cem dólares — algumas vezes falsas. Foi assim que ganhou fama na comunidade brasileira nos EUA e entre os brasileiros que sonham em migrar. Conquistou aproximadamente 800 mil seguidores no YouTube e 3 milhões no Facebook. Virou uma estrela da internet.

Sempre usando frases motivacionais e retórica de *coach*, Luis Miranda também deu palestras e vendeu cursos ensinando como conseguir o *green card* e ficar rico nos EUA. No LinkedIn, se apresenta como um "multiempresário que, assim como seu ídolo famoso Steve Jobs, precisou se reinventar após um grande sucesso e queda".

Acontece que o sucesso empresarial de Miranda é mais fake do que a mamadeira de piroca do WhatsApp. Simplesmente todas as empresas que ele fundou faliram e deixaram um histórico de calotes na praça.

Sua carreira empresarial se iniciou ainda no Brasil em 2008, quando fundou a Fitcorpus, uma franquia de clínicas de estética que chegou a aparecer mais de uma vez no programa Amaury Jr. como um modelo de negócio revolucionário.

Depois de aplicar muitos calotes e receber muitos processos, a Fitcorpus faliu. Foi então que Miranda decidiu viajar para os EUA e prosseguir no ramo da picaretagem.

O deputado eleito faz qualquer tipo de negócio. Em Miami, fundou a Gifts for World, empresa de importação e exportação que seduzia brasileiros com produtos a preços baixos, mas que também ficou marcada por calotes. No Reclame Aqui há diversos relatos de clientes lesados que pagaram e não receberam seus produtos.

Outra empreitada de Miranda foi a Dreamtrips, uma espécie de clube de viagens sob o modelo de marketing multinível, em que você paga um pequeno valor mensal e tem direito a diárias em bons hotéis no Brasil e no exterior. Quem aderir ao clube também pode ganhar dinheiro se conseguir atrair novos membros. Tem cara, cheiro e talvez seja mesmo uma pirâmide financeira.

A Dreamtrips oferece os produtos de outra empresa, a WorldVentures, que não tem permissão para vender no Brasil. Mas isso não é um problema para Miranda. Em um vídeo tutorial gravado no ano passado, ele ensina como se cadastrar no site da empresa e se tornar um membro do clube fornecendo número de identidade e endereço americano falsos! A própria WorldVentures teve que declarar que não está trabalhando legalmente no Brasil. Ou seja, Luis Miranda ofereceu um serviço ilegal para quem mora aqui. Os calotes relatados no Reclame Aqui não deixam dúvidas de que a Dreamtrips é mais uma empreitada picareta do deputado eleito nas eleições de 2018.

Há dezenas de publicações no YouTube com pessoas relatando terem sido vítimas desses golpes. Lauri de Matos, um dos youtubers que se dedica a desmascarar as mutretas de Miranda, revelou alguns processos que ele sofreu nos EUA. Em um deles, foi condenado por não pagar o aluguel do seu escritório na Flórida. Em outro, foi condenado por dar calotes de quase US$ 200 mil em um grupo de investidores. Ele prometia comprar carros em leilões, reformá-los e lucrar em cima da revenda. Mas a grana nunca aparecia. É o que costuma acontecer com muitos dos que fazem negócios com o deputado.

Miranda também tem o hábito de ameaçar quem o denuncia. Em uma das ameaças, mostra tacos de madeira expostos na parede do seu escritório que ele diz servir "para dar porrada em vagabundo". Segundo ele, só não os usou ainda porque seus denunciantes "estão longe, senão já teria feito maldades". Nesse mesmo vídeo, ele também exibe um Lamborghini e plaquês de 100 dólares enquanto grita "dinheiro falso? Confere direito! Tira um print disso aqui, seu filho da puta! Vai, seu viado do caralho! Tira um print!".

Mesmo tendo sido desmascarado por vários outros youtubers, Luis Miranda continuou com seus negócios obscuros e começou a preparar o terreno para entrar na política brasileira. Em 2017, foi recebido pelo então deputado Jair Bolsonaro em seu gabinete, onde gravaram um vídeo demonstrando simpatia mútua. Seus vídeos passaram a falar cada vez mais sobre política, sempre surfando na onda bolsonarista. No ano passado, ele decidiu lançar sua candidatura a deputado federal pelo Democratas, o DEM.

Mesmo morando em Miami, Miranda foi o sexto deputado federal mais votado do Distrito Federal. Durante a campanha, vendeu a imagem do herói que abandonou uma carreira empresarial de sucesso no exterior para salvar sua terra natal do comunismo. O milionário condenado por não pagar aluguel fez uma promessa de campanha que dificilmente poderá cumprir: abrir mão dos salários e benefícios de deputado.

Depois da repercussão negativa da viagem no Brasil, Luis Miranda gravou vídeo na China ao lado do embaixador brasileiro exibindo sua megalomania: "Acabei de receber a informação de que a bolsa está bombando no Brasil porque um grupo de malucos veio fazer uma visita para aquecer a economia". Em outro vídeo, deixou escapar que está usando a viagem para fins particulares: "A todo momento, estou pedindo para a delegação me apresentar empresas de tecnologia que vendam produtos que eu possa comercializar no meu grande negócio nos EUA". Aproveitou também para xingar os críticos da viagem de "burros, idiotas e palhaços" e fazer novas ameaças: "Me chama de safado na minha frente para ver se eu não quebro um dente do vagabundo". Miranda está mesmo muito à vontade nesta nova era.

Logo após o primeiro turno, o deputado já vislumbrava grandes negócios com Bolsonaro na presidência. "Mermão, se o Bolsonaro ganhar, tudo vai melhorar. A economia do Brasil vai explodir. Eu já tenho negócios articulados com pessoas do alto escalão." Poucos dias depois, lá estava ele viajando com a bancada do PSL para fazer negócios na meca do comunismo.

Fale o que quiser de Luis Miranda, mas não dá para negar que se trata de um gênio da vigarice. Agora, um gênio com foro privilegiado.

REFERÊNCIAS

BONUS track: aqui a Patota do @PSL_Nacional em peso curtindo a viagem num país comunisssta. [...]. Twitter: @jairmearrependi, 17 jan. 2019. Disponível em: https://twitter.com/jairmearrependi/status/1085778207834628098. Acesso em: 29 jun. 2021.

CARVALHO, Letícia. Youtuber que mora nos Estados Unidos é eleito deputado federal pelo DF. **G1**, 9 out. 2018. Disponível em: https://g1.globo.com/df/distrito-federal/eleicoes/2018/noticia/2018/10/09/youtuber-que-mora-nos-estados-unidos-e-eleito-deputado-federal-pelo-df.ghtml. Acesso em: 29 jun. 2021.

DE CARVALHO, Olavo. Deputados e senadores do PSL na China? Olavo de Carvalho comenta! YouTube: BKTuber, 17 jan. 2019. Disponível em: https://www.youtube.com/watch?v=FIjKOvXZ6d4&ab_channel=BKTuber. Acesso em: 29 jun. 2021.

FILHO, Lauri de Matos. Luis Miranda USA Processado nos EUA. YouTube: SantistaUSA, 5 nov. 2018. Disponível em: https://www.youtube.com/watch?v=c4FP4C8RPeI&t=818s&ab_channel=SantistaUSA. Acesso em: 29 jun. 2021.

FILHO, Lauri de Matos. Youtubers ostentando nos EUA! A casa ta caindo! YouTube: SantistaUSA, 21 jun. 2018. Disponível em: https://www.youtube.com/watch?v=9LVdklPYpaM&t=315s&ab_channel=SantistaUSA. Acesso em: 29 jun. 2021.

MIRANDA, Luis. Bolsonaro admite que os Estados Unidos são um modelo a ser copiado! YouTube: Luis Miranda USA, 11 jul. 2017. Disponível em: https://www.youtube.com/watch?v=7lC2eKrrByA&ab_channel=LuisMirandaUSA. Acesso em: 29 jun. 2021.

MIRANDA, Luis. Deputado Luis Miranda USA rebate críticas sobre viagem de parlamentares à China. YouTube: Liberdade Direita LDR, 19 jan. 2019. Disponível em: https://www.youtube.com/watch?v=3Vwv7koM_WM&t=171s&ab_channel=LiberdadeDireitaLDR. Acesso em: 29 jun. 2021.

MIRANDA, Luis. Resumo da Live WorldVentures – Entendendo o Negócio de Viajar pagando menos e ainda faturar. YouTube: Luis Miranda USA, 15 maio 2018. Disponível em: https://www.youtube.com/watch?v=a-9TPsaXuojg&t=146s&ab_channel=LuisMirandaUSA. Acesso em: 29 jun. 2021.

SABARENSE, Bruna. Cuidado! Os clubes de viagem podem ser uma roubada. **Metrópoles**, 21 abr. 2018. Disponível em: https://www.metropoles.com/vida-e-estilo/comportamento/cuidado-os-clubes-de-viagem-podem-ser-uma-roubada. Acesso em: 29 jun. 2021.

SEGALLA, Vinicius. Empresário que organiza viagem de deputados a China é dono do Pixuleco. **Carta Capital**, 9 jan. 2019. Disponível em: https://www.cartacapital.com.br/politica/empresario-que-organiza-viagem-de-deputados-a-china-e-dono-do-pixuleco/. Acesso em: 29 jun. 2021.

VÍDEO Luís Miranda. YouTube: The Intercept Brasil, 18 jan. 2019. Disponível em: https://www.youtube.com/watch?v=06Py7bhwNo0&ab_channel=TheInterceptBrasil. Acesso em: 29 jun. 2021.

SERGIO MORO
VIROU UM SOLDADO RASO DO BOLSONARISMO

JANEIRO DE 2019

PARA TODO PROBLEMA ÉTICO DO GOVERNO BOLSONARO, SERGIO MORO TEM UMA RESPOSTA HIPÓCRITA E CONSTRANGEDORA

NOS ÚLTIMOS ANOS, Sergio Moro se tornou o grande herói brasileiro do combate à corrupção. Ganhou prêmios, viajou pelo mundo contando seus feitos e se sentiu muito bem no papel de salvador da pátria. Após se dedicar em apressar a prisão do candidato[6] que liderava as pesquisas presidenciais e, consequentemente, pavimentar o caminho para o desfile vitorioso da extrema direita, topou fazer parte do novo governo.

6 Em março de 2021, o ministro do STF Edson Fachin julgou Moro suspeito no julgamento das ações contra o ex-presidente Lula no âmbito da Vaza Jato e anulou as condenações. Três meses depois, o Plenário do STF reconheceu a decisão da Segunda Turma que considerou Moro parcial no julgamento do ex-presidente Lula, que recuperou seus direitos políticos. Disponível em: https://g1.globo.com/politica/noticia/2021/03/08/fachin-anula-condenacoes-de-lula-relacionadas-a-operacao-lava-jato.ghtml.

Mas o nosso herói já conhecia o histórico da família Bolsonaro na distribuição de tetas para amigos e parentes no serviço público. Sabia que Jair Bolsonaro encaminhou R$ 200 mil recebidos da JBS para o partido mais investigado pela Lava Jato. Sabia que a Wal do Açaí era uma funcionária fantasma. Sabia que o presidente sonegava e incentivava a população a sonegar impostos. E também sabia da simpatia dele e de seus filhos pelas milícias. Bolsonaro chegou a defender grupos de extermínio da Bahia em plena Câmara dos Deputados. Como diria Jair, basta fazer uma "retrospectiva do passado" para concluir que o juiz topou integrar um governo cujas credenciais éticas do seu líder eram amplamente conhecidas. Moro sabia de tudo.

As notícias desta semana já não deixam mais dúvidas: o presidente tem ligações com as milícias do Rio de Janeiro. Sim, porque não é mais possível descolar as ações do senador Flávio do presidente Jair. Há fatos suficientes para se fazer essa afirmação. Foi o presidente que apresentou o motorista Fabrício Queiroz a Flávio, que era apenas uma criança quando seu pai e ele iniciaram uma amizade que já dura mais de quatro décadas. Bolsonaro não explicou o contexto nem apresentou comprovante do empréstimo feito a Queiroz, o homem que conseguiu empregos no gabinete de Flávio para a mulher e a ex-esposa de Adriano da Nóbrega[7], chefe da milícia de Rio das Pedras — o mesmo lugar em que Queiroz ficou escondido antes de ser internado no Albert Einstein. A primeira-dama Michelle Bolsonaro está sendo investigada pela Receita Federal por receber um cheque de Queiroz que, segundo Jair Bolsonaro, seria o pagamento do empréstimo feito a ele. O presidente da República é também sócio de Flávio Bolsonaro em uma empresa que o filho omitiu na declaração para o TSE.

7 O ex-capitão do Bope Adriano da Nóbrega foi morto em fevereiro de 2020 em um sítio no interior da Bahia pertencente a um vereador do PSL. Adriano era um dos investigados na apuração do suposto esquema de desvio de salários no gabinete de Flávio Bolsonaro. Em abril de 2021, uma reportagem do Intercept revelou que grampos telefônicos de suspeitos de ajudar na fuga do miliciano sugerem que o presidente Bolsonaro foi procurado pela rede de proteção a Adriano.

Não adianta o presidente dizer que nada tem a ver com as ações do seu "garoto", que só chegou ao Senado por causa do sobrenome. Trata-se de uma família que cresceu e enriqueceu unida ao longo dos anos na política. Negar isso agora é apenas cinismo. Eduardo Bolsonaro, por exemplo, é deputado federal, mas tem atuado como um dos porta-vozes do governo federal no exterior. Assim como o vereador Carlos Bolsonaro trabalha com as redes sociais do presidente. Tudo junto e misturado.

Moro largou uma carreira jurídica admirada por boa parte da sociedade para virar um político bolsonarista. Para todo problema ético do governo Bolsonaro, Sergio Moro tem uma resposta hipócrita e constrangedora. Quando Onyx Lorenzoni foi pego duas vezes no caixa 2 — crime que o ex-juiz considerava "pior que corrupção" —, Moro aceitou seu pedido de desculpas e afirmou que o chefe da Casa Civil goza da sua "confiança pessoal".

Na semana em que o núcleo bolsonarista aparece envolvido até o osso com as milícias do Rio de Janeiro, o superministro da Justiça deixou a violência correndo solta no Ceará e viajou com o presidente para Davos. Eu não entendi muito bem o que ele foi fazer em um fórum econômico além de conferir um verniz ético que falta para o governo Bolsonaro, mas, beleza, a explicação até que é razoável. Ele diz que foi apresentar seu trabalho "contra a corrupção, contra o crime organizado, contra o crime violento" e que trabalhar isso no "ambiente de Davos é bom para os negócios". Ok. O problema é que, no ambiente do Brasil, as ligações da família do presidente com a corrupção e com o crime organizado e violento do Rio de Janeiro estão ficando cada vez mais evidentes.

Nos dias em que esteve em Davos, Moro evitou ao máximo falar das ligações de Flávio Bolsonaro com milicianos: "Não me cabe comentar sobre isso, mas as instituições estão funcionando". Como não cabe? Não é adequado para um ministro da Justiça comentar o principal escândalo de corrupção do momento no seu país? Não é essa a postura que se espera de um super-herói empenhado em varrer a roubalheira na política. Muitos devotos de Moro devem estar decepcionados.

Os corruptos certamente comemoraram a notícia de que o Banco Central quer excluir parentes de políticos da lista de monitoramento das instituições financeiras e derrubar a exigência de que todas as transações bancárias acima de R$ 10 mil sejam notificadas ao Coaf. Mas Sergio Moro não pareceu chocado com esse retrocesso no combate à corrupção: "Temos de entender melhor por que os reguladores do Banco Central estão propondo essa medida, e aí podemos discutir com eles se é uma boa ideia".

Moro quer entender melhor os motivos que levaram o banco a querer afrouxar o monitoramento que ajuda a coibir lavagem de dinheiro e desvios de verbas do Estado. A intenção do banco é clara e objetiva, sem espaço para dúvidas, mas Moro ainda precisa pensar se é uma boa ideia. Ele alegou que essa é uma medida do governo anterior, o que também não justifica a sua passividade. Esperava-se uma declaração mais firme do atual ministro da Justiça contra o absurdo. As regras que o Banco Central pretende reverter entraram em vigor em 2009, durante o governo Lula, e ajudaram a desvendar muita roubalheira em família, inclusive o laranjal de Flávio Bolsonaro. É inacreditável que o nosso cão de guarda da corrupção esteja titubeando tanto justamente agora.

Enquanto o ministro da Justiça estava em Davos, outra notícia boa para os corruptos brasileiros: Onyx Lorenzoni e Mourão baixaram um decreto que amplia o número de funcionários públicos que podem decretar sigilo sobre documentos. O ato é um duro ataque contra a Lei de Acesso à Informação, uma importante ferramenta que visa tornar transparente as ações dos governantes e facilitar a fiscalização pela sociedade civil. Agora não são apenas presidente, vice, ministros e embaixadores que podem tornar documentos inacessíveis, como previa decreto de 2012 do governo Dilma, mas funcionários de segundo e terceiro escalão. Segundo apuração do jornalista Breno Costa, "mais de 1.200 pessoas no governo federal poderão receber poderes para definir que documentos públicos fiquem em segredo pelo menos até 2034".

A consequência disso é óbvia: mais documentos se tornarão secretos e haverá menos transparência nas ações do governo. "Transparência acima de tudo. Todos os nossos atos terão que ser abertos ao público", foi o que prometeu Jair Bolsonaro na primeira semana de governo. Qual será a opinião do nosso ministro da Justiça? Ainda não é conhecida, mas provavelmente ele deve estar pensando se é ou não uma boa ideia.

Sergio Moro[8] se tornou o político que posa para a selfie do Luciano Huck e foge da coletiva de imprensa para não ter que falar sobre a bandalheira da família do seu chefe. Parece que toda aquela volúpia anticorrupção esfriou. A imagem heroica está sendo moída pela realidade. Até agora, Moro tem se mostrado apenas um soldadinho raso e fiel do bolsonarismo.

REFERÊNCIAS

BENITES, Afonso. PP, o mais investigado na Lava Jato, só vê seu poder crescer no Brasil. Por quê? **El País**, 25 abr. 2018. Disponível em: https://brasil.elpais.com/brasil/2018/04/24/politica/1524605415_828915.html. Acesso em: 30 jun. 2021.

BRESCIANI, Eduardo; DE SOUZA, André; GULLINO, Daniel; COUTINHO, Mateus. Onyx tem minha confiança pessoal, diz Moro. **O Globo**, 4 dez. 2018. Disponível em: https://oglobo.globo.com/brasil/onyx-tem-minha-confianca-pessoal-diz-moro-2327994. Acesso em: 30 jun. 2021.

BATISTA, Henrique Gomes. Nos EUA, Moro diz que Caixa 2 é pior do que corrupção. **O Globo**, 8 abr. 2017. Disponível em: https://oglobo.globo.com/brasil/nos-eua-moro-diz-que-caixa-2-pior-do-que-corrupcao-21183122. Acesso em: 30 jun. 2021.

8 Sergio Moro deixou o governo Bolsonaro em 24 de abril de 2020, após alegar que o presidente quis interferir na Polícia Federal mudando o seu diretor-geral. Disponível em: https://www.poder360.com.br/governo/sergio-moro-deixa-o-governo-bolsonaro/.

BOLSONARO disse que fecharia o congresso. YouTube: Teledespertador, 3 abr. 2016. Disponível em: https://www.youtube.com/watch?v=ElB-QbueUotQ&ab_channel=Teledespertador. Acesso em: 30 jun. 2021.

BOLSONARO e ministros cancelam falas à imprensa em Davos. **G1**, 23 jan. 2019. Disponível em: https://g1.globo.com/politica/noticia/2019/01/23/bolsonaro-e-ministros-cancelam-pronunciamento-em-davos.ghtml. Acesso em: 30 jun. 2021.

CARNEIRO, Mariana. BC propõe afrouxar regras para banco monitorar parente de políticos e notificar Coaf. **Folha de S. Paulo**, 24 jan. 2019. Disponível em: https://www1.folha.uol.com.br/mercado/2019/01/bc-quer--que-banco-filtre-dado-do-coaf-e-deixe-de-vigiar-parente-de-politico.shtml. Acesso em: 30 jun. 2021.

CASEIRO, Daniel. Mourão reduz transparência do governo com decreto que altera regras da Lei de Acesso à Informação. **Justificando**, 24 jan. 2019. Disponível em: http://www.justificando.com/2019/01/24/moura-o-reduz-transparencia-do-governo-com-decreto-que-altera-lei-de-a-cesso-a-informacao/. Acesso em: 30 jun. 2021.

COSTA, Breno. Brasil Real Oficial #003. **Brasil Real Oficial**, 25 jan. 2019. Disponível em: https://brenocosta.substack.com/p/brasil-real-oficial-003. Acesso em: 30 jun. 2021.

D'AGOSTINO, Rosanne. Plenário do STF reconhece decisão da Segunda Turma que declarou Moro parcial ao condenar Lula. **G1**, 23 jun. 2021. Disponível em: https://g1.globo.com/politica/noticia/2021/06/23/plenario-do-stf-reconhece-decisao-da-segunda-turma-que-declarou-moro--parcial-ao-condenar-lula.ghtml. Acesso em: 30 jun. 2021.

DE CASTRO, Lúcio. Em discurso, Bolsonaro apoiou grupo de extermínio que cobrava R$ 50 para matar jovens da periferia. **Congresso em Foco**, 13 out. 2018. Disponível em: https://congressoemfoco.uol.com.br/eleicoes/bolsonaro-apoiou-grupo-de-exterminio-que-cobrava-r-50-para--matar-jovens-da-periferia. Acesso em: 30 jun. 2021.

FALCÃO, Márcio; VIVAS, Fernanda. Fachin anula as condenações de Lula relacionadas à Operação Lava Jato. **G1**, 8 mar. 2021. Disponível em: https://g1.globo.com/politica/noticia/2021/03/08/fachin-anula-condenacoes-de-lula-relacionadas-a-operacao-lava-jato.ghtml. Acesso em: 30 jun. 2021.

FERRO, Maurício. Sergio Moro deixa o governo Bolsonaro. **Poder 360**, 24 abr. 2020. Disponível em: https://www.poder360.com.br/governo/sergio-moro-deixa-o-governo-bolsonaro/. Acesso em: 30 jun. 2021.

FILHO, João. Caso do motorista que movimentou milhões é apenas mais uma das suspeitas de mutreta do clã Bolsonaro. **The Intercept Brasil**, 23 dez. 2018. Disponível em: https://theintercept.com/2018/12/23/cade-o-queiroz-bolsonaro/. Acesso em: 30 jun. 2021.

FLÁVIO omite microempresa em declaração ao TSE [...]. Twitter: @valoreconomico, 25 jan. 2019. Disponível em: https://twitter.com/valoreconomico/status/1088753544075902976. Acesso em: 30 jun. 2021.

FRANCO, Bernardo Mello. Pressa de Moro para prender Lula alimenta tese de perseguição. **O Globo**, 6 abr. 2018. Disponível em: https://blogs.oglobo.globo.com/bernardo-mello-franco/post/pressa-de-moro-para-prender-lula-alimenta-tese-de-perseguicao.html. Acesso em: 30 jun. 2021.

MOREIRA, Assis. Em Davos, Moro fala sobre corrupção, mas evita comentar caso Queiroz. **O Globo**, 22 jan. 2019. Disponível em: https://oglobo.globo.com/brasil/em-davos-moro-fala-sobre-corrupcao-mas-evita-comentar-caso-queiroz-23391239. Acesso em: 30 jun. 2021.

O BOM do Bozo é que ele se esforça para alegrar nosso dia. [...]. Twitter: @bobjackk, 24 jan. 2019. Disponível em: https://twitter.com/bobjackk/status/1088356094244724736. Acesso em: 30 jun. 2021.

OLLIVEIRA, Cecília. As ligações de Bolsonaro com as milícias. **The Intercept Brasil**, 22 jan. 2019. Disponível em: https://theintercept.com/2019/01/22/bolsonaros-milicias/. Acesso em: 30 jun. 2021.

PAULO Guedes critica intervenção política nos bancos públicos. **G1**, 7 jan. 2019. Disponível em: https://g1.globo.com/jornal-nacional/noticia/2019/01/07/paulo-guedes-critica-intervencao-politica-nos-bancos-publicos.ghtml. Acesso em: 30 jun. 2021.

POLÍCIA da Bahia conclui que miliciano Adriano da Nóbrega não foi executado e morreu em troca de tiros com PMs. **G1**, 26 ago. 2020. Disponível em: https://g1.globo.com/ba/bahia/noticia/2020/08/26/morte-do-miliciano-adriano-da-nobrega-reconstituicao-aponta-que-nao-houve-execucao-e-nem-tortura-diz-perito.ghtml. Acesso em: 30 jun. 2021.

RAMALHO, Sérgio. "O homem da casa de vidro" — Grampos sugerem que comparsas de Adriano da Nóbrega recorreram a Bolsonaro. **The Intercept Brasil**, 24 abr. 2021. Disponível em: https://theintercept.com/2021/04/24/grampos-comparsas-miliciano-adriano-da-nobrega-bolsonaro/. Acesso em: 30 jun. 2021.

SERGIO Moro impressiona líderes mundiais com propostas para reerguer o Brasil com Jair Bolsonaro. YouTube: Folha Política, 24 jan. 2019. Disponível em: https://www.youtube.com/watch?v=cTayBpWaPY4&t=228s&ab_channel=FolhaPol%C3%ADtica. Acesso em: 30 jun. 2021.

SOARES, Ingrid. Onda de violência no Ceará: criminosos atacam creches e escolas. **Correio Braziliense**, 23 jan. 2019. Disponível em: https://www.correiobraziliense.com.br/app/noticia/brasil/2019/01/23/interna-brasil,732276/onda-de-violencia-no-ceara-criminosos-atacam-creches-e-escolas.shtml. Acesso em 30 jun. 2021.

VIEIRA, André Guilherme. Mulher de Bolsonaro vira alvo de investigação por cheque de Queiroz. **Valor**, 24 jan. 2019. Disponível em: https://valor.globo.com/politica/noticia/2019/01/24/mulher-de-bolsonaro-vira-alvo-de-investigacao-por-cheque-de-queiroz.ghtml. Acesso em: 30 jun. 2021.

GENERAL MOURÃO
PROGRESSISTA É ILUSÃO DE ÓTICA

FEVEREIRO DE 2019

O PROGRESSISMO DO GENERAL É APENAS UMA QUESTÃO DE REFERÊNCIA. ATÉ TREZOITÃO PARECE PROGRESSISTA AO LADO DO PRESIDENTE

EM 2015, quando chefiava o Comando Militar do Sul, o general Hamilton Mourão fez uma palestra para oficiais da reserva convocando os presentes para o "despertar de uma luta patriótica". Um dos slides exibidos continha a frase "mudar é preciso". O impeachment de Dilma estava na pauta, e o general aproveitou para atacar toda a classe política. Na ocasião, Mourão alertou a tropa: "Ainda temos muitos inimigos internos, mas eles se enganam achando que os militares estão desprevenidos". E lançou um desafio: "Eles que venham!". Poucos dias depois, Mourão organizou um evento em homenagem ao coronel Ustra, o principal torturador da ditadura militar.

O golpismo de Mourão foi punido pelo comandante do Exército, Eduardo Villas Bôas, que — pressionado pelo então ministro da Defesa, Aldo Rebelo, do PCdoB, e pelo senador tucano Aloysio Nunes — o retirou do comando da tropa e o empurrou para um cargo meramente burocrático.

Foram essas credenciais pouco democráticas que encantaram Bolsonaro, que escolheu o general para ser seu vice-presidente. O presidente chegou a dizer em campanha: "Quero governabilidade. Tenho que ter um vice que trabalha junto comigo e não seja uma peça decorativa". Bom, hoje o presidente pode dizer que seu vice não é decorativo, mas certamente não pode dizer que trabalha junto.

Desde o final da campanha, o Mourão golpista deu lugar ao Mourão republicano. E isso tem sido um problema sério para o presidente. Os dois têm discordado em praticamente todos os assuntos. Não é raro o vice aparecer dizendo diametralmente o oposto do presidente. E sempre com muito mais propriedade e categoria.

Quando Bolsonaro estupidamente detonou a China e deixou os chineses ressabiados, Mourão tentou segurar a onda e disse que não podíamos "nos descuidar do relacionamento com o nosso principal parceiro comercial". Quando Bolsonaro anunciou a mudança da embaixada brasileira para Jerusalém, Mourão retrucou: "É óbvio que a questão terá que ser bem pensada. É uma decisão que não pode ser tomada de afogadilho, de orelhada". Sobre o aquecimento global, a opinião do general também não sintonizou com os delírios de Bolsonaro: "Não resta dúvida de que ele existe. Não acho que seja uma trama marxista". Quando Jean Wyllys anunciou a desistência em assumir o cargo na Câmara por causa das ameaças de morte, o presidente comemorou "o grande dia" no Twitter. Já Mourão declarou que a ameaça contra o deputado é um "crime contra a democracia". Sobre o decreto que facilita a posse de armas no país com a finalidade de melhorar a segurança pública, Mourão afirmou que "não se trata de uma medida de combate à violência", mas apenas do "cumprimento de uma promessa feita em campanha".

Enfim, para cada absurdo do presidente, o vice oferece uma dose de sensatez.

Em menos de 30 dias de governo, o vice-presidente já assumiu a presidência por duas vezes. É curioso notar como o general fica mais à vontade no papel de presidente do que o próprio capitão. Diferentemente de Jair, Mourão domina bem todos os assuntos pertinentes ao governo, fala com desenvoltura, trata bem a imprensa e adversários políticos. O fato é que enquanto Jair Bolsonaro se comporta como um bolsominion enfurecido no WhatsApp, Mourão se comporta como um presidente da República. O ex-capitão não tem capacidade intelectual para atuar fora da bolha de ideologismo barato que Olavo de Carvalho construiu para ele. Funcionou bem durante a campanha, mas agora não mais. Isso ficou ainda mais evidente quando ele usou apenas seis dos 45 minutos que tinha para representar o país no maior fórum econômico do mundo.

Mourão, por outro lado, tem atuado com diplomacia e pragmatismo. Não se vê nem sombra daquele militar golpista que atiçava as tropas contra os políticos em 2015. Já o presidente Bolsonaro ainda se vê preso no olavismo, no papel de cachorrinho fiel de Donald Trump e no crime organizado de Rio das Pedras.

A cada dia que passa, o ex-capitão vai ficando cada vez mais minúsculo perto do general, que faz questão de deixar isso claro a todo momento. O protagonismo do vice tem deixado Bolsonaro e sua família bastante preocupados. Enquanto eles sangram e se mostram incapazes de explicar as relações com o crime organizado, Mourão vai ganhando respeito de todos os lados, construindo pontes e ganhando força política.

O vice-presidente insiste em bater de frente com o olavismo, que intoxica o governo Bolsonaro. O ministro das Relações Exteriores, Ernesto Araújo, um fiel olavista indicado ao cargo pelo guru, tem sido solenemente ignorado pelo general. Além de manter reuniões com embaixadores de diversos países sem a presença do chanceler, como é de praxe, Mourão debocha da atuação excessivamente ideológica do ministro: "Vai todo mundo virar israelense desde criancinha? Vai todo mundo virar fã dos americanos de qualquer jeito? A diplomacia são métodos e objetivos, não um fim. É preciso inserir conceitos claros, não interferir em assuntos de outros países. E ainda não está claro" — uma verdadeira lacrada no olavismo, como dizem.

Os atritos entre o filósofo e o general foram aumentando até culminar com a declaração de Mourão lamentando as ameaças a Jean. Olavo se indignou com o general e correu vomitar sua megalomania delirante no

YouTube. Além de descer a lenha em Mourão e acusar os militares brasileiros de serem historicamente coniventes com os comunistas, o maluco de Virgínia aproveitou para se dizer vítima "da maior campanha de assassinato de reputação contra um cidadão privado já vista na história humana", chamar Maria do Rosário de "vagabunda" e declarar que "há sérias suspeitas de que Jean é um dos mandantes do assassinato de Bolsonaro".

A lisergia de Olavo não tolera a prudência, a racionalidade e o pragmatismo de Mourão. Ele acredita que estamos no meio de uma guerra contra o marxismo cultural globalista, e numa guerra não se deve ter tolerância com os inimigos. O general desprezou o ataque do filósofo: "Quem se importa com as opiniões do Olavo?". A pergunta foi retórica, mas deve ser respondida: Jair Bolsonaro e o núcleo bolsonarista não só se importam como são criaturas dele.

Não se sabe exatamente quais são os interesses de Mourão ao rivalizar tão firmemente com Bolsonaro dentro do governo neste início de mandato. Muitos já dizem que ele está preparando o terreno para assumir o poder com o apoio dos militares, caso o ex-capitão se enfraqueça ainda mais politicamente. É também o que pensa um dos filhos do presidente, como relatou a Folha. Quem acompanha o Brasil nos últimos cinco anos sabe que nenhuma possibilidade pode ser descartada. Há pouco o que se fazer para controlar o general, já que ele não pode ser demitido. A essa altura, Bolsonaro deve estar amargamente arrependido de não ter escolhido o sempre dócil e fiel Magno Malta para ser seu vice.

Mas vamos com calma. Até pouco tempo atrás, Mourão agitava as tropas contra "inimigos da nação" e homenageava torturador. Já durante a campanha, admitiu a possibilidade de um "autogolpe" com a ajuda das Forças Armadas em caso de "anarquia". Defendeu uma nova Constituição sem Constituinte. Ligou os indígenas à "indolência", e os negros à "malandragem". Chamou famílias chefiadas por mães e avós de "fábrica de criminosos".

O general parece progressista perto de Jair Bolsonaro, mas é apenas uma questão de referência. Até um trezoitão carregado parece progressista ao lado do nosso presidente.

REFERÊNCIAS

AUDI, Amanda. A mágoa de Magno Malta: 'Eu achava que ia ser ministro e eu não fui'. **The Intercept Brasil**, 5 dez. 2018. Disponível em: https://theintercept.com/2018/12/04/entrevista-magno-malta-dispensado-ministro/. Acesso em: 30 jun. 2021.

BERGAMO, Mônica. Não é o caso de comprar brigas que não podemos vencer, diz Hamilton Mourão. **Folha de S. Paulo**, 23 nov. 2018. Disponível em: https://www1.folha.uol.com.br/poder/2018/11/nao-e-o-caso-de-comprar-brigas-que-nao-podemos-vencer-diz-hamilton-mourao.shtml. Acesso em: 30 jun. 2021.

FILHO, João. Amadorismo e delírios conspiratórios marcam primeiros passos da política externa de Bolsonaro. **The Intercept Brasil**, 11 nov. 2018. Disponível em: https://theintercept.com/2018/11/11/amadorismo-e-delirios-conspiratorios-marcam-primeiros-passos-da-politica-externa-de-bolsonaro/. Acesso em: 30 jun. 2021.

GIELOW, Igor. Interino, Mourão gera crítica no núcleo duro de Bolsonaro. **Folha de S. Paulo**, 30 jan. 2019. Disponível em: https://www1.folha.uol.com.br/poder/2019/01/interino-mourao-gera-critica-no-nucleo-duro-de-bolsonaro.shtml. Acesso em: 30 jun. 2021.

MARIZ, Renata. Ministério da Defesa exonera general que criticou governo. **O Globo**, 29 out. 2015. Disponível em: https://oglobo.globo.com/brasil/ministerio-da-defesa-exonera-general-que-criticou-governo-17918775. Acesso em: 30 jun. 2021.

RESENDE, Thiago. Mourão vê fala 'genérica' de Jean Wyllys, mas aponta possível crime à democracia. **Folha de S. Paulo**, 25 jan. 2019. Disponível em: https://www1.folha.uol.com.br/poder/2019/01/mourao-ve-fala-generica-de-jean-wyllys-mas-aponta-possivel-crime-a-democracia.shtml. Acesso em: 30 jun. 2021.

URIBE, Gustavo. Mourão diz que decreto de posse não é medida de combate à violência. **Folha de S. Paulo**, 21 jan. 2019. Disponível em: https://www1.folha.uol.com.br/cotidiano/2019/01/mourao-diz-que-decreto-de-posse-nao-e-medida-de-combate-a-violencia.shtml. Acesso em: 30 jun. 2021.

CARLA ZAMBELLI

E SUA TURMA DE MONARQUISTAS SE ALIARAM A BOLSONARO PARA REVOGAR AVANÇOS DO SÉCULO 20

MAIO DE 2019

A DEPUTADA E SUA TURMA DE MONARQUISTAS NÃO TÊM MAIS VERGONHA DE COMBATER O AMBIENTALISMO, AS LIBERDADES SEXUAIS E OS DIREITOS SOCIAIS

EM 1993, Jô Soares entrevistou Bertrand Maria José Pio Januário Miguel Gabriel Rafael Gonzaga de Orléans e Bragança, mais conhecido como "Dom" Bertrand, o príncipe imperial brasileiro que lidera um movimento que pretende reinstaurar a monarquia no país. O trineto de Dom Pedro II passou a entrevista enfileirando uma série de deturpações históricas: o Brasil não foi explorado por Portugal — "absolutamente não" —, monarquias africanas não são monarquias, não existe racismo no Brasil e a escravidão aqui foi muito menor do que em outros países. O príncipe também apelou para o fantasma do comunismo para justificar a ligação da família real com a Tradição, Família e Propriedade, a TFP, e o golpe de 1964. Bertrand também lançou mão de um delírio hoje em moda: "Não há nenhuma diferença essencial entre nazismo e comunismo".

Mas o príncipe não encontrou uma plebe dócil no programa do SBT. "Você não acha que a monarquia é uma boa piada? Você não acha que é um anacronismo delicioso?", debochou Jô, enquanto a plateia ria da cara do príncipe. O achincalhamento foi grande. Bertrand chegou até a reclamar da "claque" contra ele. O príncipe foi tratado pela plateia e pelo apresentador como um personagem de humor, um Napoleão delirante da "Praça é Nossa".

Vinte e quatro anos depois, o mesmo Dom Bertrand, no mesmo SBT, foi entrevistado pelo humorista Danilo Gentili. Dessa vez, porém, Bertrand pôde desfrutar dos ares dos novos tempos. Foi recebido com muita pompa, com direito a uma bandeirinha da monarquia sobre a mesa do apresentador. Só faltou lhe estenderem o tapete vermelho.

Como um súdito que sabe o seu lugar, Gentili abandonou o humor politicamente incorreto e passou o programa bajulando o príncipe. "É uma honra receber um nobre tão ilustre no nosso programa", reverenciou-o como um bobo da corte. Assuntos como escravidão e as mamatas da família real passaram longe da entrevista chapa-branca. Nenhum dos fatos históricos deturpados pelo príncipe foi contestado. A plateia seguiu o apresentador na reverência a Sua Alteza. Os tempos mudaram. A monarquia hoje já não parece uma ideia tão absurda como há pouco mais de duas décadas.

"O movimento monárquico está mais vivo do que nunca", observou Dom Bertrand no programa de Gentili. E é verdade. Cento e trinta anos após a proclamação da República, o movimento nunca esteve tão forte no Brasil. E hoje, como toda fauna extremista de direita, se encontra embutido no bolsonarismo. As ideias ridicularizadas no programa do Jô há 24 anos estão hoje no poder. A vitória de Bolsonaro é também uma vitória dos monarquistas.

Para Olavo de Carvalho, um dos mandachuvas do governo, Dom Bertrand é "o brasileiro mais patriota" que já viu na vida, "o sujeito que mais estudou os problemas do Brasil, que mais busca soluções". Assim como Olavo e o atual ministro do Meio Ambiente, Bertrand é um antiambientalista que nega o inegável aquecimento global. Ele é autor do livro *Psicose Ambientalista: os bastidores do ecoterrorismo para implantar uma religião ecológica igualitária e anticristã*. É também dirigente do Instituto Plínio Corrêa de Oliveira, uma associação ultracatólica criada para defender o legado e os valores da TFP. O site da entidade diz que sua missão é "mobilizar a sociedade civil e preservar a Civilização Cristã, ameaçada pela Revolução Anticristã". O príncipe também compartilha da homofobia do presidente da República: "Eu vejo o homossexualismo como um defeito".

O conservadorismo elitista de Dom Bertrand é tão tacanho que até o casamento do príncipe inglês Harry o incomodou. Para ele, o fato de a noiva ser uma "pebleia divorciada" é um sinal da "decadência da monarquia mais tradicional da Europa e do mundo".

Uma reportagem da BBC revelou o avanço do movimento monarquista sobre o Congresso e o governo. Já se fala inclusive na existência de uma bancada monarquista. A deputada federal bolsonarista Carla Zambelli, do PSL de São Paulo, organizou recentemente uma visita de Dom Bertrand a Brasília. "Fiquei até surpreso, encontrei mais abertura do que esperava", disse o líder monarquista depois de se reunir com o ministro Ernesto Araújo[9], o assessor internacional da presidência Filipe Martins — ambos frutos do olavismo — e parlamentares da bancada monarquista. O sobrinho de Dom Bertrand, o deputado bolsonarista Luiz Philippe de Orleans e Bragança, também do PSL de São Paulo, não participou do encontro, apesar de ser monarquista e o primeiro representante da família real com mandato.

Líderes do movimento monarquista têm ganhado cargos no governo. O ex-ministro da Educação Ricardo Vélez, que também é monarquista, nomeou Gilberto Callado para uma comissão no Inep, o órgão responsável pelo Enem. Procurador em Santa Catarina, Callado organiza eventos monarquistas no estado e dedicou um livro em homenagem ao fundador da TFP: "Ao saudoso professor Plinio Corrêa de Oliveira, representante maior da inteligência contrarrevolucionária". Ele considera que os professores e os alunos estão todos "corrompidos" pelo marxismo e pela "ideologia

9 Ernesto Araújo ficou no posto de ministro das Relações Exteriores de janeiro de 2019 a março de 2021. Pediu demissão após intensas críticas de que sua atuação impediu a compra de vacinas contra a covid-19. Sua gestão ficou marcada pela adesão à agenda ideológica de Jair Bolsonaro. Disponível em: https://www.bbc.com/portuguese/brasil-56570801.

de gênero" e acredita que o Supremo Tribunal Federal é um "inimigo da instituição familiar".

A bolsonarista Carla Zambelli é a principal lobista da monarquia na Câmara. A deputada tem em seu gabinete um busto de Dom Pedro II e uma bandeira com o brasão do Império. Ela ganhou fama nas redes sociais ao liderar grupos que organizaram manifestações pelo impeachment de Dilma, como o Revoltados Online e o Nas Ruas. Foi nessa época que ela se aproximou dos militantes monarquistas, que também saíram às ruas para derrubar o governo petista.

Em 2018, a monarquista defendeu uma "intervenção militar no STF" e chamou o então presidente da Câmara, Rodrigo Maia, de "bolinha que não significa nada". Recentemente, foi condenada pela Justiça por associar Jean Wyllys à pedofilia. Esse é o espírito democrático da deputada monarquista. Em pouco mais de quatro meses de mandato, Zambelli já está sendo acusada por colegas de partido de cometer crime de nepotismo cruzado.

"Quando as pessoas são eleitas, elas se preocupam muito com a próxima eleição. Um monarca não tem essa preocupação: ele só pensa no bem do país", delirou Zambelli. Ela defende a instalação de uma monarquia parlamentarista, com a volta da família real ao trono e eleições para o parlamento.

Mas a bancada monarquista tem consciência de que esse é um projeto a longo prazo. Acreditam que a ideia ainda é incipiente e com poucos adeptos. Segundo eles, antes é necessária uma campanha de conscientização da população para reverter a má imagem da monarquia propagada pelos republicanos nas últimas décadas. "Se o Bolsonaro colocou gente monarquista no governo, significa que ele não tem preconceito. Temos que presenteá-lo. Para instalarmos o parlamentarismo-monárquico, eu acho que a gente tem que se infiltrar em todos os partidos. É uma estratégia de guerra", maquinou Zambelli.

As convergências dos ideais monarquistas com o ultraconservadorismo cristão dos gurus do bolsonarismo Olavo de Carvalho e Steve Bannon são enormes. As pautas casam perfeitamente: a luta contra o casamento gay e a "ideologia de gênero", o fim das demarcações de terras indígenas, a proibição ampla e irrestrita do aborto, a negação do aquecimento global e o combate permanente contra o comunismo. Eles enxergam o mundo a partir de uma visão religiosa e maniqueísta. Cristãos são o bem, e esquerdistas, o mal a ser combatido em nome de Deus. Os valores iluministas da Revolução Francesa são considerados a grande tragédia da civilização ocidental que pariu o socialismo. A liberdade, a igualdade e a fraternidade são uma ameaça aos valores sagrados da família, da tradição e da propriedade.

A defesa da monarquia hoje no Brasil não é a defesa de um sistema de governo, mas de uma vertente ideológica e ultrarreligiosa de extrema direita. É mais uma ideia estapafúrdia dentre tantas outras vindas de anti-iluministas que desprezam a ciência e os avanços civilizatórios. A utopia monarquista é, sim, uma boa piada — ainda que nem um pouco inofensiva como era em 1993. É um Bolsonaro fantasiado de Napoleão.

REFERÊNCIAS

AMADO, Guilherme. Um encontro com a alteza real: o plano de Carla Zambelli para voltar à monarquia. **O Globo**, 15 mar. 2019. Disponível em: https://oglobo.globo.com/epoca/guilherme-amado/um-encontro-com-alteza-real-plano-de-carla-zambelli-para-voltar-monarquia-23600211. Acesso em: 27 jun. 2021.

CESAR, Janaina; SPERA, Luigi. Conversamos com o sócio de Steve Bannon em escola na Itália que busca guinar o mundo à direita. **The Intercept Brasil**, 30 nov. 2018. Disponível em: https://theintercept.com/2018/11/30/benjamin-harnwell-socio-steve-bannon/. Acesso em: 27 jun. 2021.

CIENTISTAS têm 99% de certeza que humanos causaram o aquecimento global. **Revista Galileu**, 1 mar. 2019. Disponível em: https://revistagalileu.globo.com/Ciencia/noticia/2019/03/cientistas-tem-99-de-certeza-que-humanos-causaram-o-aquecimento-global.html. Acesso em: 27 jun. 2021.

DEPUTADA do PSL faz 'vaquinha' para pagar indenização de R$ 40 mil a Jean Wyllys. **IG**, 11 jan. 2019. Disponível em: https://ultimosegundo.ig.com.br/politica/2019-01-11/carla-zambelli-vaquinha.html. Acesso em: 27 jun. 2021.

DIAS, Jurandir. O casamento do príncipe Harry e a vulgaridade moderna. **Instituto Plínio Corrêa de Oliveira**, 23 maio 2018. Disponível em: https://ipco.org.br/o-casamento-do-principe-harry-e-a-vulgaridade-moderna/. Acesso em: 27 jun. 2021.

DOM BERTRAND no programa Jô Soares Onze e Meia — 1993. YouTube: Frente Monárquica Brazileira, 30 jun. 2017. Disponível em: https://www.youtube.com/watch?v=4mvzkO5GwQE&ab_channel=FrenteMon%C3%A1rquicaBrazileira. Acesso em: 27 jun. 2021.

ENTREVISTA com o príncipe imperial Dom Bertrand. YouTube: The Noite com Danilo Gentili., 23 set. 2017. Disponível em: https://www.youtube.com/watch?v=Q1MDkswFQl4&ab_channel=TheNoitecomDaniloGentili. Acesso em: 27 jun. 2021.

FELLET, João. Monarquistas ocupam cargos em Brasília e reabilitam grupo católico ultraconservador. **BBC News Brasil**, 4 abr. 2019. Disponível em: https://www.bbc.com/portuguese/brasil-47728267. Acesso em: 27 jun. 2021.

FERREIRA, Paula; MARIZ, Renata. Para membro de comissão do Enem, universidades estão 'contaminadas pelo esquerdismo' e STF é inimigo da família. **O Globo**, 20 mar. 2019. Disponível em: https://oglobo.globo.com/sociedade/educacao/para-membro-de-comissao-do-enem-universidades-estao-contaminadas-pelo-esquerdismo-stf-inimigo-da-familia-23536006. Acesso em: 27 jun. 2021.

LIMA, Luciana. Em guerra com Zambelli, Joice acusa colega de "nepotismo cruzado". **Metrópoles**, 18 maio 2019. Disponível em: https://www.metropoles.com/brasil/politica-brasil/em-guerra-com-zambelli-joice-acusa-colega-de-nepotismo-cruzado. Acesso em: 27 jun. 2021.

MELO, Itamar. O monarquista que representou a sociedade brasileira na comissão de avaliação do Enem 2019. **Zero Hora**, 23 out. 2019. Disponível em: https://gauchazh.clicrbs.com.br/educacao-e-emprego/noticia/2019/10/o-monarquista-que-representou-a-sociedade-brasileira-na-comissao-de-avaliacao-do-enem-2019-ck239rbeno8si01n32vuupkoc.html. Acesso em: 27 jun. 2021.

PRÍNCIPE imperial destila homofobia e critica ambientalistas. **Catraca Livre**, 2 maio 2017. Disponível em: https://catracalivre.com.br/cidadania/principe-imperial-destila-homofobia-e-critica-ambientalistas/. Acesso em: 27 jun. 2021.

SANCHES, Mariana. Demissão de Ernesto Araújo: fim de uma gestão sem precedentes na diplomacia brasileira. **BBC News Brasil**, 29 mar. 2021. Disponível em: https://www.bbc.com/portuguese/brasil-56570801. Acesso em: 27 jun. 2021.

TRADIÇÃO, Família e Propriedade. Wikipedia. Disponível em: https://pt.wikipedia.org/wiki/Tradi%C3%A7%C3%A3o,_Fam%C3%ADlia_e_Propriedade. Acesso em: 27 jun. 2021.

ZAMBELLI, Carla. Intervenção militar no STF, se tivéssemos um presidente da Câmara hoje com coragem [...]. Facebook: Carla Zambelli, 26 jun. 2018. Disponível em: https://www.facebook.com/watch/?v=1725978107492688. Acesso em: 27 jun. 2021.

CENSURA A MILITARES E O CASO GABRIEL MONTEIRO

SETEMBRO DE 2019

COM 1 MILHÃO DE SEGUIDORES, O YOUTUBER DO MBL GABRIEL MONTEIRO DEFENDE A POLÍTICA DE WITZEL, E GOVERNADOR AGRADECE LIVRANDO-O DA EXPULSÃO DA PM

EM ABRIL de 2019, políticos de esquerda organizaram um evento na Câmara do Rio de Janeiro em homenagem à Revolução Cubana, com a presença de cônsules cubanos. O policial militar Gabriel Monteiro, de 25 anos, youtuber e integrante do Movimento Brasil Livre, o MBL, foi lá para provocar os participantes.

Sem autorização prévia de ninguém, ligou a câmera e começou a fazer perguntas para quem passava por ali, fingindo buscar um debate saudável, mas com o intuito claro de conseguir uma boa treta para engrossar as visualizações do seu canal no YouTube. Bem, você conhece o *modus operandi* de um youtuber do MBL.

Depois de muitas provocações escamoteadas de perguntas sinceras, a equipe de segurança da Câmara pediu para que ele se retirasse. Ele se negou e continuou intimidando os presentes. Um dos seguranças, que é coronel da Polícia Militar, tentou colocar o soldado para fora à força, mas o vereador Tarcísio Motta, do PSOL, impediu, temendo que ele fosse agredido. Gabriel então continuou ali buscando o agravamento do conflito que criou. A tensão foi aumentando e finalmente o youtuber conseguiu o que queria: foi colocado para fora aos tapas e pontapés.

O caso fez a Corregedoria da Polícia Militar do Rio de Janeiro decidir pelo seu afastamento da corporação. Gabriel foi acusado de ofender a instituição nas redes sociais, manter conduta irregular e faltar ao trabalho para participar de atividades do MBL. Segundo a decisão, o militar ostentava "uma ficha disciplinar extensa, demonstrando ineficiência no exercício da função e descompromisso com o serviço militar". Decidiu-se que o youtuber perderia o porte de arma, seria encaminhado para a Comissão de Revisão Disciplinar e teria sua identidade de PM suspensa.

Mas eis que o general Figueiredo, nomeado por Witzel para ser secretário de Estado da Polícia Militar, decidiu anular a decisão da corregedoria e livrar a cara do policial-militante de direita. A canetada revoltou o corregedor-chefe da PM, que pediu exoneração em protesto à arbitrariedade.

Graças ao apoio fundamental do governo Witzel[10], Gabriel Monteiro pôde continuar a atuar como policial nas ruas do Rio e como defensor da sua política de segurança nas redes sociais. O youtuber-policial do MBL costuma postar fotos do seu dia a dia nas ruas "prendendo noias" durante operações militares e posando ao lado de fãs. Após a morte de um jovem de 15 anos no Jacarezinho, Gabriel comentou em vídeo: "Antes vagabundos mortos do que nossos heróis feridos".

Protegido pela decisão do secretário, o soldado se sentiu à vontade para aparecer em Inhaúma, bairro onde aconteceu o enterro de Ágatha Félix, a garota de oito anos que foi assassinada pela Polícia Militar no Complexo

10 Wilson Witzel foi afastado do governo do Rio de Janeiro após a aprovação por unanimidade do seu impeachment. Ele é réu em um processo no STJ que o investiga por crime de responsabilidade na gestão de contratos na área de saúde na pandemia. Disponível em: https://g1.globo.com/rj/rio-de-janeiro/noticia/2021/04/30/tribunal-especial-abre-a-sessao-para-decidir-impeachment-de-witzel-1.ghtml.

do Alemão. Com seu jeitinho cínico e passivo-agressivo, o policial protagonizou mais uma briga, dessa vez com um jovem morador de favela, que estava indignado com a crescente morte de inocentes no Rio.

Ele se revoltou quando o policial relativizou a morte de inocentes ao exaltar a apreensão de armas nas favelas como consequência das incursões policiais nos morros. É a revolta legítima de quem cresceu vendo inocentes sendo assassinados pela polícia e está diante de um policial que defende a política de segurança causadora dessa tragédia. O youtuber foi peitado e revidou com um soco na cara. Entrou no carro e fugiu covardemente. O MBL saiu em defesa da ação do seu integrante, assim como políticos bolsonaristas.

A vida política do policial Gabriel Monteiro não se resume à participação no MBL ou à militância nas redes sociais. Como informou o jornalista Ruben Berta, o youtuber está cedido ao gabinete do deputado Filippe Poubel, do PSL, na Assembleia Legislativa do Rio. Ele conseguiu essa mamata logo após o seu processo na corregedoria da PM ter sido anulado pelo governo Witzel. Há tempos, Gabriel ronda mamatas na política carioca. Em 2014, ele esteve lotado na Assembleia Legislativa do Rio, a Alerj, no gabinete do deputado Armando José, do PSB.

Gabriel não só conseguiu se safar de uma punição, como foi premiado com trabalho em gabinete de político do PSL. Filippe Poubel é o caminho para entender as conexões políticas que fazem Gabriel ter costas quentes com os poderosos do Rio. Poubel é bastante próximo da família Bolsonaro, principalmente de Flávio — que empregava parentes de chefe da milícia no seu gabinete —, e, por isso, se tornou o presidente do PSL de Maricá.

Em sua página do Facebook, Poubel se diz "defensor dos valores da família", mas foi acusado pela ex-mulher de agredir a ex-sogra com um soco na cabeça. Ele negou a acusação e, acredite se quiser, alegou ter sido tudo uma "armação do PT". O seu irmão, Glauber Poubel, é um policial militar que já tentou uma vaga de vereador em São Gonçalo em 2016. No ano passado, Glauber foi preso por participar de uma quadrilha que extorquia pessoas de baixa renda. O policial fazia empréstimo e depois cobrava juros abusivos. Segundo o delegado responsável pelo caso, "centenas de pessoas, em vários municípios do estado, foram vítimas dessa organização criminosa.

Alguns dos agiotas se identificavam como inspetores de polícia e policiais civis lotados na corregedoria".

Além da cobrança de juros abusivos, os integrantes da quadrilha intimidavam seus "clientes" e familiares ameaçando enviar "cobradores de rua" em suas casas se não pagassem. Até parece um método de milícia, não é verdade? A prisão de Glauber Poubel fez Jair Bolsonaro e o irmão dele perderem um cabo eleitoral, já que ele militava nas ruas para os dois.

Esse é o background político do youtuber Gabriel Monteiro. É claro que há um projeto político por trás dele. Essas são as suas referências, e dá para ter uma ideia do tipo de político que ele pode ser. É da mesma linhagem de Carlos Jordy, Daniel Silveira, Rodrigo Amorim, Flávio Bolsonaro e outros que se elegem com um discurso conservador, violento e alinhado com a banda, digamos assim, menos republicana dos militares. Gabriel tem ganhado bastante visibilidade e já conta com mais de 1 milhão de seguidores em suas redes sociais. As suas pretensões políticas são claras, e certamente ele poderá contar mais uma vez com o apoio do governo Witzel e dos políticos ligados à família Bolsonaro.

Em um texto publicado pelo Intercept, um bombeiro carioca fez críticas à proposta de reforma do Código de Trânsito apresentada pelo governo de Jair Bolsonaro. Ele apontava o inevitável aumento de acidentes que viria com o fim da multa para quem transportar crianças sem cadeirinha e com a dispensa de autoescola para motoristas.

A crítica foi bastante equilibrada, sem nenhum ataque ao presidente ou ao governo, e compartilhava das mesmas constatações óbvias feitas por qualquer especialista em segurança de trânsito. Mesmo assim, a corregedoria dos bombeiros do Rio de Janeiro considerou o texto uma transgressão grave e o condenou a cinco dias de prisão.

A promiscuidade entre policiais militares e políticos é um dos traços mais assustadores do bolsonarismo. É capaz de produzir aberrações como a prisão de um bombeiro que criticou educadamente uma reforma no trânsito que deve causar mortes e a absolvição de um youtuber violento que milita em defesa das políticas públicas de quem está no poder. O recado para os militares é claro: só pode se expressar politicamente quem estiver alinhado ao bolsonarismo.

REFERÊNCIAS

AS MENTIRAS sobre Gabriel Monteiro! YouTube: MBL — Movimento Brasil Livre, 23 set. 2019. Disponível em: https://www.youtube.com/watch?v=tUVr9mugXKc&ab_channel=MBL-MovimentoBrasilLivre. Acesso em: 29 jun. 2021.

BARREIRA, Gabriel; SARTRIANO, Nícolas. Tribunal aprova por unanimidade impeachment de Witzel, que fica inelegível por 5 anos. **G1**, 30 abr. 2021. Disponível em: https://g1.globo.com/rj/rio-de-janeiro/noticia/2021/04/30/tribunal-especial-abre-a-sessao-para-decidir-impeachment-de-witzel-1.ghtml. Acesso em: 29 jun. 2021.

BERTA, Ruben. Não custa lembrar: desde 5 de setembro, o soldado-PM-youtuber Gabriel Monteiro está cedido ao gabinete do deputado Filipe Poubel [...]. Twitter: @ruben_berta, 22 set. 2019. Disponível em: https://twitter.com/ruben_berta/status/1175962696656838656. Acesso em: 29 jun. 2021.

CASO Poubel: Em novo depoimento, ex-mulher diz ter sido agredida e pede medida protetiva contra o Vereador. **LSM Central de Notícias de Maricá**, 31 jul. 2018. Disponível em: https://leisecamarica.com.br/caso-poubel-em-novo-depoimento-ex-mulher-diz-ter-sido-agredida-e-pede-medida-protetiva-contra-o-vereador/. Acesso em: 29 jun. 2021.

DA SILVA, Jorge Anderson. Diário de um bombeiro: 'voltarei a atender acidentes graves com reformas de Bolsonaro no código de trânsito'. **The Intercept Brasil**, 2 ago. 2019. Disponível em: https://theintercept.com/2019/08/01/bombeiro-bolsonaro-aumento-acidentes-codigo-transito/. Acesso em: 29 jun. 2021.

DEZ são presos por agiotagem no Rio em operação da Secretaria de Segurança. **O Globo**, 4 set. 2018. Disponível em: https://oglobo.globo.com/rio/dez-sao-presos-por-agiotagem-no-rio-em-operacao-da-secretaria-de-seguranca-23037573. Acesso em: 29 jun. 2021.

EM MARICÁ, PT persegue vereador Poubel, ligado a Bolsonaro. YouTube: Flavio Bolsonaro., 6 jun. 2018. Disponível em: https://www.youtube.com/watch?v=FX31cah93Co&ab_channel=FlavioBolsonaro. Acesso em: 29 jun. 2021.

GABRIEL Monteiro: Fomos surpreendidos com um ato a favor da Revolução cubana. YouTube: EU AMO MINHA CIDADE CORDEIRO RJ, 27 abr. 2019. Disponível em: https://web.archive.org/web/20200401041151if_/https://www.youtube.com/watch?v=bZqg3ebLn1k&app=desktop. Acesso em: 29 jun. 2021.

GOIS, Ancelmo. Cabo eleitoral das campanhas de Bolsonaro e Romário, PM é preso pela Draco. **O Globo**, 13 set. 2018. Disponível em: https://blogs.oglobo.globo.com/ancelmo/post/cabo-eleitoral-das-campanhas-de-bolsonaro-e-romario-pm-e-preso-pela-draco.html. Acesso em: 29 jun. 2021.

OUCHANA, Giselle; ARAÚJO, Vera. Corregedor-geral da PM pede exoneração do cargo e será substituído. **Exame**, 2 set. 2019. Disponível em: https://extra.globo.com/casos-de-policia/corregedor-geral-da-pm-pede-exoneracao-do-cargo-sera-substituido-23922455.html. Acesso em: 29 jun. 2021.

ROMANO, Giovanna. Caso Ágatha: Quem é o PM que agrediu jovem durante enterro. **Veja**, 23 set. 2019. Disponível em: https://veja.abril.com.br/brasil/caso-agatha-quem-e-o-pm-que-agrediu-jovem-durante-enterro/. Acesso em: 29 jun. 2021.

SECRETÁRIO de Witzel impediu afastamento de Gabriel Monteiro, o PM youtuber, da corporação. **Revista Fórum**, 23 set. 2019. Disponível em: https://revistaforum.com.br/brasil/secretario-de-witzel-impediu-afastamento-de-gabriel-monteiro-o-pm-youtuber-da-corporacao/. Acesso em: 29 jun. 2021.

COMO SAMY DANA PROMOVEU UM ESTUDO DESASTRADO USADO PARA DEFENDER O FIM DO ISOLAMENTO

MAIO DE 2020

ATÉ MATEMÁTICO QUE PARTICIPA DA PESQUISA CRITICOU O USO INDEVIDO DOS RESULTADOS. AINDA ASSIM, AMAZONAS E PARANÁ SEGUIRAM RECOMENDAÇÃO DO ECONOMISTA

NO MOMENTO em que o país alcançava os 11 mil mortos por covid-19, em 10 de maio de 2020 — um crescimento exponencial desde o início da pandemia—, os ricos decidiram dar um basta nas medidas de isolamento social. Em todo o país, eles estão se mobilizando para pressionar as autoridades a afrouxar o isolamento social para o bem da economia. Carreatas com carros de luxo protestando contra a quarentena e depoimentos angustiados de empresários se intensificaram nas últimas semanas. Em Belém, no auge do pico de infecção na cidade, o prefeito anunciou que o serviço das empregadas domésticas será considerado essencial durante a pandemia. A casa-grande não aguenta ficar tanto tempo sem uma boa faxina.

Mesmo havendo um consenso científico indicando que o afrouxamento das medidas de isolamento resultará em mais mortes, os ricos estão dispostos a pagar para ver. Afinal de contas, como afirmou o presidente da XP, o país está indo bem no controle do coronavírus, e o pico da doença nas classes altas já foi atingido. Apesar de a ciência continuar fazendo previsões catastróficas para o Brasil, o mercado financeiro já não vê mais motivo para alarmismo.

Um dia após o país ter batido o recorde de mortes em 24 horas — uma quarta-feira, 6 de maio —, Bolsonaro assinou um decreto que amplia o rol de atividades essenciais. O presidente juntou uma penca de empresários sedentos pela volta das atividades econômicas e foi até o Supremo Tribunal Federal sem avisar ninguém. Como se fosse o chefe do tribunal, passou a transmitir a reunião ao vivo pela internet sem o aval do presidente da casa.

Apesar do gesto autoritário, o ministro Dias Toffoli recebeu a todos com cordialidade e afirmou que o governo Bolsonaro e as instituições estão trabalhando muito bem no combate à pandemia, "apesar do que sai na imprensa". Até porque o pior para as elites já passou, não é mesmo, Toffoli?

Sem o respaldo da ciência para justificar o afrouxamento do isolamento social, as elites decidiram contratar o seu próprio estudo científico. De repente, um estudo encomendado pela corretora de investimentos Easynvest passou a circular nas redes sociais e na mídia com grande credibilidade. Quem está à frente desse estudo é o economista Samy Dana, que ficou famoso dando dicas de investimento em jornais da Rede Globo e hoje é mais conhecido por ser um dos comentaristas do Pânico, da Jovem Pan. Apesar de ser um contratado da Easynvest, Samy garante que sua equipe não recebeu nenhum centavo pelo trabalho.

Além do economista, participam do estudo um matemático e outros quatro médicos. Eles defendem que o modelo de análise criado para prever o número de mortes é muito mais robusto que todos os que já foram apresentados. Segundo eles, vai morrer muito menos gente do que prevê o consenso científico atual. Os estudos da Imperial College London, por exemplo, que têm sido a principal referência para praticamente todos os governantes do mundo, estariam redondamente errados em suas previsões alarmistas. "Fiquem leves!", diria Samy para os cientistas do Imperial College, parafraseando Regina Duarte.

O problema é que os fatos apontam exatamente na direção contrária do que diz o economista do Pânico. A universidade londrina previu que o sistema de saúde brasileiro iria começar a colapsar a partir de 21 de abril. No dia 23, cinco capitais brasileiras já estavam com seus hospitais à beira do colapso. Na semana passada, a mesma universidade previu que o Brasil atingiria 10 mil mortos neste domingo, 10 de maio. Na quinta-feira, o país já havia atingido o número de 9.146 mortos.

O estudo de Samy previu que Manaus atingiria o pico de mortes entre os dias 21 e 30 de abril. Mas, em 4 de maio, a cidade continuava batendo novos recordes de mortes diárias. A título de curiosidade: Samy também criou um modelo para prever resultados dos paredões do BBB que se mostrou bastante falível.

Ou seja, agora temos na praça um estudo capitaneado por um contratado da Easynvest que refuta os epidemiologistas de uma das melhores universidades do mundo. Não precisa ser alguém familiarizado com os meandros da ciência para confirmar que o modelo de Samy ainda não tem valor científico. Basta ser familiarizado com a lógica básica.

O estudo do coronavírus sequer foi analisado por seus pares, mesmo porque até agora não foi publicado por nenhuma revista científica — um requisito básico para atestar a validade de um estudo científico. Nenhum dos pesquisadores envolvidos tem qualquer trabalho publicado na área de epidemiologia, o que seria fundamental para quem tem a pretensão de refutar o consenso científico elaborado pelos grandes epidemiologistas do mundo. Qualquer pessoa séria e razoável entende que um estudo revisado por outros cientistas e publicado em revistas científicas tem muito mais credibilidade que um encomendado a toque de caixa por uma corretora de investimentos e feito por não especialistas em epidemiologia.

A Imperial College chegou a apontar os erros do modelo da Easynvest em seu último relatório sobre o Brasil. Segundo a análise, as evidências são consistentes em apontar a necessidade de um lockdown no país. A conclusão é a de que, se não houver endurecimento nas medidas de isolamento, as infecções continuarão a se espalhar exponencialmente.

Mesmo com todas suas limitações, o estudo da Easynvest tem sido exaustivamente explorado por quem deseja o fim do isolamento social. Samy tem feito um marketing agressivo em torno dessa pesquisa, algo típico da turma do mercado financeiro. Ele conseguiu emplacar na mídia a ideia de que o seu modelo é o mais robusto de todos que já apareceram no mundo. Na CNN, o debatedor bolsonarista Caio Coppolla apresenta quase que diariamente o estudo de Samy como sendo verdade absoluta.

O governador do Amazonas, que é bolsonarista e quer o fim do isolamento, tem se apoiado no estudo para tomar decisões. Com base no modelo de Samy Dana, o governador anunciou um plano para flexibilizar o isolamento a partir do dia 14 de maio. Uma curiosidade: Samy Dana já teve negócios com o atual secretário da Fazenda do Amazonas. Eles foram sócios de uma empresa que presta consultoria em gestão empresarial.

O governador do Paraná, o bolsonarista Ratinho Jr., também quis ouvir Samy para tomar as decisões no enfrentamento à pandemia no estado. A Câmara dos Deputados o convidou para apresentar o estudo numa comissão especial sobre a covid-19. De repente, um comentarista do Pânico virou a grande referência brasileira sobre estudos epidemiológicos. Esqueçam o virologista Átila Iamarino. Um "PhD em Business" — é assim que Samy gosta de se apresentar — virou para os defensores do fim da quarentena o grande especialista em covid-19 do país.

Apesar de não possuir valor científico, o estudo de Samy Dana não é de todo ruim. Há pessoas sérias envolvidas nele, comprometidas com a ciência. A questão é que ele é ainda um estudo prévio, feito às pressas por não especialistas em epidemiologia, e que jamais poderia ter recebido a importância que ganhou no debate público sobre a pandemia. O modelo de Samy virou o queridinho entre os que querem a reabertura da economia, porque os picos de infecção aparecem nele muito antes do previsto pelo consenso científico. Isso justificaria a antecipação do fim da quarentena.

Alexandre Simas, um respeitado matemático que participou do estudo, criticou publicamente aqueles que estão recomendando o fim do isolamento social com base na pesquisa da Easynvest: "Soube que existem pessoas utilizando o nosso modelo para justificar o fim da quarentena. Isso não faz nenhum sentido. Até o momento nosso modelo assume a quarentena sob TODO o período do estudo. Estamos estudando o efeito de sair da quarentena, mas, sob qualquer simulação que tenho feito, as consequências são feias.

Não temos nenhuma evidência que forneça o mínimo de segurança para uma eventual saída da quarentena".

Apesar de o estudo não recomendar o fim da quarentena, o marketing feito em cima dos seus resultados vai na direção oposta. Enquanto a ciência de verdade recomenda que os governantes brasileiros cogitem o lockdown, a ciência do mercado financeiro fornece um alívio de consciência para os ricos que defendem o fim do isolamento social para salvar a economia. Graças a uma empresa do mercado financeiro, aqueles que negavam o consenso científico já têm uma pesquisa científica para chamar de sua.

Diferentemente do colega matemático que reconhece as limitações do estudo, Samy Dana tem tratado as críticas com uma empáfia que não combina com um pesquisador. Depois que passou a ser questionado no Twitter por tudo o que já foi exposto aqui, o economista bloqueou os críticos, mesmo aqueles que propuseram um debate respeitoso. Também acusou jornalistas e cientistas de boicotar a sua pesquisa e chamou de "militante" quem defende o consenso científico.

Esse tuíte revela que a preocupação central de Samy está em descredibilizar o consenso científico. O seu objetivo não é buscar a verdade, mas estabelecer uma falsa disputa de narrativas entre pesquisas. Irritar-se com perguntas e críticas sobre o estudo não me parece ser a postura adequada de um pesquisador. Parece mais adequada a um militante do mercado financeiro sedento para que a atividade econômica volte ao normal. Com o estudo, Samy e a Easynvest viraram referência e estão na vitrine do mercado de consultorias e palestras.

Como de costume, os ricos não estão dispostos a pagar pela crise econômica e preferem empurrar os pobres para o sacrifício. Eles decidiram que está na hora de colocar a massa trabalhadora para se aglomerar no transporte público para a máquina da economia não parar de girar. O número de mortes diárias segue batendo recordes, mas para as elites "o pior já passou". Isso é o que eu chamo de consciência de classe.

REFERÊNCIAS

BRASIL tem 9.146 mortes e 135.106 casos confirmados de novo coronavírus, diz ministério. **G1**, 7 maio 2020. Disponível em: https://g1.globo.com/bemestar/coronavirus/noticia/2020/05/07/brasil-tem-9146-mortes-e-135106-casos-confirmados-de-novo-coronavirus-diz-ministerio.ghtml. Acesso em: 1 jul. 2021.

CASOS de coronavírus e número de mortes no Brasil em 10 de maio. **G1**, 10 maio 2020. Disponível em: https://g1.globo.com/bemestar/coronavirus/noticia/2020/05/10/casos-de-coronavirus-e-numero-de-mortes-no-brasil-em-10-de-maio.ghtml. Acesso em: 1 jul. 2021.

COUTO, Marlen. Coronavírus: cinco capitais estão próximas do colapso do sistema de saúde, aponta pesquisa. **O Globo**, 23 abr. 2020. Disponível em: https://saude.estadao.com.br/noticias/geral,brasil-pode-atingir-10-mil-mortes-por-covid-19-ate-domingo-segundo-estudo,70003287730. Acesso em: 1 jul. 2021.

COVID-19 *Reports*. Imperial College London, 2020. Disponível em: https://www.imperial.ac.uk/mrc-global-infectious-disease-analysis/covid-19/covid-19-reports/. Acesso em: 1 jul. 2021.

DANA, Samy. Manu, Mari ou Prior, quem vai ser ELIMINADO do BBB? Samy Dana analisa. YouTube: Pânico Jovem Pan, 31 mar. 2020. Disponível em: https://www.youtube.com/watch?v=KzgEHKyyCNE&ab_channel=P%C3%A2nicoJovemPan. Acesso em: 1 jul. 2021.

DANA, Samy. Nossa equipe de pesquisa apresentará o modelo às 9h30 na comissão especial do Covid na câmara [...]. Twitter: @samydana, 30 abr. 2020. Disponível em: https://twitter.com/samydana/status/1255823786408054784. Acesso em: 1 jul. 2021.

DIAS Toffoli elogiando o governo e as instituições com relação ao combate à pandemia ("apesar do que sai na imprensa"). Twitter: @JornalismoWando, 7 maio 2020. Disponível em: https://twitter.com/JornalismoWando/status/1258426529492742144. Acesso em: 1 jul. 2021.

ESTUDO usado por Wilson Lima diz que pico de Covid-19 no Amazonas 'já passou'. **18 Horas**, 30 abr. 2020. Disponível em: https://18horas.com.br/amazonas/estudo-usado-por-wilson-lima-diz-que-pico-de-covid-19-no-amazonas-ja-passou. Acesso em: 1 jul. 2021.

FARIAS, Elaíze. Coronavírus: Wilson Lima planeja flexibilizar isolamento no Amazonas com base em estudo de comentarista Samy Dana. **Amazônia Real**, 5 maio 2020. Disponível em: https://amazoniareal.com.br/coronavirus-wilson-lima-planeja-flexibilizar-isolamento-no-amazonas-com-base-em-estudo-de-comentarista-samy-dana/. Acesso em: 1 jul. 2021.

MOTA, Camilla Veras. Modelo matemático aponta colapso do sistema de saúde a partir de 21 de abril. **BBC News Brasil**, 16 abr. 2020. Disponível em: https://www.bbc.com/portuguese/brasil-52300278. Acesso em: 1 jul. 2021.

MOURA, Júlia. Pico de Covid-19 nas classes altas já passou; o desafio é que o Brasil tem muita favela, diz presidente da XP. **Folha de S. Paulo**, 5 maio 2020. Disponível em: https://www1.folha.uol.com.br/mercado/2020/05/brasil-esta-indo-bem-no-controle-do-coronavirus-e-pico-nas-classes-altas-ja-passou-diz-presidente-da-xp.shtml. Acesso em: 1 jul. 2021.

SANDES, Arthur. Belém vai contra entendimento nacional e inclui domésticas como essenciais. **UOL**, 6 maio 2020. Disponível em: https://noticias.uol.com.br/cotidiano/ultimas-noticias/2020/05/06/belem-inclui-domesticas-entre-servicos-essenciais-durante-lockdown.htm. Acesso em: 1 jul. 2021.

VALENTE, Jonas. Covid-19: Brasil bate novo recorde de mortes registradas em um dia. **Agência Brasil**, 5 maio 2020. Disponível em: https://agenciabrasil.ebc.com.br/saude/noticia/2020-05/covid-19-brasil-bate-novo-recorde-de-mortes-registradas-em-um-dia. Acesso em: 1 jul. 2021.

POR QUE É ERRADO DAR ESPAÇO NA IMPRENSA A OSMAR TERRA, O PORTA-VOZ DO NEGACIONISMO CIENTÍFICO NA MÍDIA NACIONAL

MAIO DE 2020

OSMAR TERRA É O CONGRESSISTA BRASILEIRO QUE MAIS PUBLICOU MENTIRAS SOBRE A COVID-19 NO TWITTER. MESMO ASSIM, NÃO SAI DA TV

"EU NÃO CONFIO nas pesquisas da Fiocruz", falou em maio de 2019 o então ministro da Cidadania Osmar Terra, indignado com o resultado de um estudo encomendado pelo governo. Durante três anos, a Fundação Oswaldo Cruz, a Fiocruz, desenvolveu uma grande pesquisa sobre o uso de drogas no Brasil, que custou R$ 7 milhões ao governo. Mas Osmar Terra decidiu engavetá-la e impedir a sua divulgação — tempos depois, o Intercept publicaria o que Terra tentou censurar.

A pesquisa indicou que não há epidemia de drogas no Brasil. O resultado não agradou os bolsonaristas, e Osmar Terra passou a contestá-lo de maneira formidável: "É óbvio para a população que tem uma epidemia de drogas nas ruas. Eu andei nas ruas de Copacabana, e estavam vazias. Se isso não é uma epidemia de violência que tem a ver com as drogas, eu não entendo mais nada. Temos que nos basear em evidências".

Ou seja, uma pesquisa feita por uma instituição séria, que envolveu 500 pesquisadores e reuniu 16 mil entrevistas, foi refutada pelas impressões de um tiozão de churrasco depois de um rolê em Copacabana. Ele viu as ruas vazias do bairro carioca e concluiu haver uma epidemia de drogas no país inteiro. Sabe aqueles idiotas que dizem não acreditar em pesquisas porque nunca foram entrevistados por elas? Pois então, agora eles viram ministros.

Essa figura chucra e obscura virou uma das referências sobre coronavírus no debate público. Provavelmente de olho na cadeira desocupada pelo ex-ministro da Saúde Nelson Teich[11], Terra está todos os dias nas TVs e rádios falando sobre a pandemia. Apesar de contrariar o consenso científico e errar de forma rude em todas as suas previsões, Osmar Terra tem sido o porta-voz do negacionismo científico na mídia nacional. Não são poucas as barbaridades que ele tem ajudado a disseminar.

Todas as suas projeções são otimistas, bem ao gosto do bolsonarismo, e contrariam as projeções de especialistas em epidemiologia. Há pouco mais de um mês, por exemplo, Osmar Terra declarou de forma categórica que o número de infecções não estava "caindo, mas desabando de maneira surpreendente".

O ex-ministro afirmou ainda que devíamos celebrar: "É momento de a gente comemorar, até porque é um momento muito importante de a gente reconhecer que não tem esse negócio de a epidemia (o pico) ser no final de maio, que vai subir a curva. Não tem nada disso. Está caindo, vai cair em todo o Brasil. Podem escrever isso e me cobrem".

Talvez baseado nas primeiras projeções dos cientistas da Easynvest, Terra chegou a decretar que a epidemia em São Paulo tinha atingido o pico no final de março. Estamos em meados de maio e ainda não o atingimos.

Ele também disse que o H1N1 foi "muito mais letal do que o coronavírus", o que também é mentira. A Organização Mundial da Saúde, a OMS,

11 O médico oncologista Nelson Teich assumiu o Ministério da Saúde de 17 de abril a 15 de maio de 2020. Saiu por divergências em relação à política do governo federal de indicar a cloroquina. Disponível em: https://pt.wikipedia.org/wiki/Nelson_Teich.

aponta que o coronavírus é só dez vezes mais mortal. "Casos de morte do coronavírus nos EUA não vai chegar a 5 mil", disse Terra há quase dois meses, em uma das inúmeras *lives* das quais tem participado. Hoje, os EUA contabilizam quase 90 mil mortes[12].

"Ano passado morreram 750 pessoas de H1N1. Provavelmente o coronavírus pode matar um pouco mais ou até igual a isso. Não há motivo para parar o país". Menos de dois meses depois, o Brasil já contabiliza 15 mil mortos.

A quarentena, aplicada em todos os países do mundo, é uma tremenda bobagem para Osmar Terra: "Não há um doente a menos, uma morte a menos porque estão fazendo aquela quarentena radical".

Mas o ex-ministro não faz questão nenhuma de apresentar estudos que sustentem suas opiniões exóticas. Não, ele prefere seguir com aquela arrogância própria do ignorante que é capaz de contestar a ciência após um passeio por Copacabana. "Conheço isso aí. Não estou falando de livro que eu li, estou falando de experiência vivida", falou em tom de deboche sobre as medidas de isolamento social.

Osmar Terra refutou também o virologista Átila Iamarino, chamando-o de "este senhor que tentou assustar a população", ao comentar um tuíte da Jovem Pan — a casa não oficial da extrema direita no Brasil —, que, por sua vez, chamou o virologista de "uma espécie de Greta Thunberg do vírus para os esquerdistas".

Um levantamento da agência Aos Fatos mostra que Osmar Terra é, com folga, o congressista brasileiro que mais publicou mentiras sobre a covid-19 no Twitter. Em tempos de pandemia, ele conseguiu desbancar grandes disseminadores de mentiras, como os seus colegas bolsonaristas Eduardo Bolsonaro e Bia Kicis, que ficaram em segundo e terceiro lugar.

Mesmo com essa marca espantosa no ranking da mentira, Osmar Terra virou figurinha carimbada em programas de rádio e TV. Equivocou-se quem

12 Os Estados Unidos são o país líder em mortes por coronavírus no mundo, com 600 mil vítimas contabilizadas até 16 de junho de 2021.

achou que ele deixaria de ser uma referência no debate público sobre a pandemia. É claro que é um dever do jornalismo expor e esculachar o discurso de charlatões, ainda mais em tempos em que a desinformação mata. Em entrevista à Rádio Gaúcha, o jornalista Daniel Scola contestou todos os falsos argumentos de Terra, dificultando o proselitismo do ex-ministro. Deu uma aula de jornalismo e o desmascarou ponto a ponto. Mas não tem sido esse o padrão jornalístico visto nas aparições de Terra na mídia.

A imprensa brasileira tem feito bom papel ao promover as recomendações da OMS, compensando a omissão genocida do governo federal. Por outro lado, em nome da exposição da pluralidade de ideias, o jornalismo brasileiro transformou os misticismos de Osmar Terra em uma opinião com credibilidade o suficiente para debater em pé de igualdade com gente séria. Assim, valida-se o anticientificismo como algo aceitável e abre-se a porta para que mentiras perigosas se espalhem. Em nome de ouvir o contraditório — como se terraplanismos fossem matéria de opinião —, o jornalismo está servindo de escada ao obscurantismo.

Em uma semana, Terra apareceu como um debatedor que defende o fim da quarentena em três canais de TV. Na CNN, debateu com o tucano Geraldo Alckmin. Na Band, debateu com o petista Alexandre Padilha. Na Globo News, com Mandetta, do Democratas, e com o petista Humberto Costa. Todos os debatedores são médicos. Enquanto os petistas, o tucano e o pefelista defenderam a ciência e a recomendações da OMS, o médico bolsonarista propagou mentiras. Talvez há alguém que ache que o simples fato de Terra ser médico o gabarite para o debate, mesmo que suas análises se baseiem mais em suas crenças do que na medicina. Em tempos de genocídio, não me parece exagerado lembrar que Josef Mengele também era um médico que se baseava mais em crenças do que na ciência.

Aparecer em debates para defender uma ideia estapafúrdia e anticientífica é uma tática muito usada por lobistas no mundo todo. O documentário *O mercado da dúvida*, baseado em livro homônimo, mostra a eficácia da principal tática dos negacionistas: a promoção de diversionismo em debates públicos que não existem dentro da comunidade científica. No ano de 2018, em um texto sobre o lobby dos agrotóxicos, escrevi esse parágrafo sobre o documentário que ajuda a entender os objetivos dos negacionistas que buscam o debate público:

> Disseminar a dúvida na sociedade em relação às pesquisas que associavam o cigarro ao câncer fazia parte da estratégia adotada pela indústria do tabaco nos EUA que, durante décadas, confundiu a população por meio de intensas campanhas na mídia. Lobistas contratados por essa indústria se aproveitavam da polarização ideológica na sociedade americana para fabricar teorias conspiratórias, culpando não a ciência pela demonização do cigarro, mas as ideologias de esquerda que pretendiam sabotar o capitalismo. O *modus operandi* foi bem-sucedido e se repetiu em outros temas importantes, como o aquecimento global.

Osmar Terra atua hoje como um lobista informal do bolsonarismo contra o isolamento social. Ele não se importa de ser desmascarado por um debatedor sério, porque o seu objetivo no debate é plantar a dúvida. Quando a imprensa promove esse tipo de debate, ela não está dando espaço para o contraditório, mas sim para que as pessoas acreditem que não existe um consenso científico em favor das medidas de distanciamento para evitar a disseminação da covid-19. Minutos após os debates, vídeos editados com os melhores momentos de Osmar Terra "lacrando" debatedores já estavam circulando no WhatsApp dos brasileiros.

Quem não tem compromisso com a verdade dos fatos entra com grande vantagem em um debate. Gente séria faz análises criteriosas, balizadas pela ciência. Já o diversionista fica à vontade para impor sua retórica e tratar os fatos no modo *freestyle*. É plenamente possível vencer um debate sem ter razão, como bem disse Schopenhauer.

O jornalismo dá brecha para o triunfo da desinformação quando chama negacionistas para participar de debates. Quando coloca um defensor da ciência para debater com um bolsonarista, o bolsonarismo já venceu. Assim, ao levar a mentira com status de opinião para a TV, o mau jornalismo contribui para que ela se dissemine. E sabemos exatamente o que isso significa em tempos de pandemia. O lobby do genocídio precisa acabar.

REFERÊNCIAS

AMADO, Guilherme. Terra em áudio para Flávio Bolsonaro: "Coronavírus está despencando, é o momento de comemorar"; ouça. **O Globo**, 24 maio 2020. Disponível em: https://oglobo.globo.com/epoca/guilherme-amado/terra-em-audio-para-flavio-coronavirus-esta-despencando-momento--de-comemorar-ouca-24370437?utm_source=Twitter&utm_medium=-Social&utm_campaign=compartilhar. Acesso em: 29 jun. 2021.

DIAS, Tatiana. Guerra à pesquisa: aqui estão os números que o governo escondeu. **The Intercept Brasil**, 31 maio 2019. Disponível em: https://theintercept.com/2019/03/31/estudo-drogas-censura/. Acesso em: 29 jun. 2021.

FÁVERO, Bruno; CUBAS, Marina Gama. Cotado para Saúde, Osmar Terra é o congressista que mais publicou desinformação sobre Covid-19 no Twitter. **Aos Fatos**, 15 de abril de 2020. Disponível em: https://www.aosfatos.org/noticias/cotado-para-saude-osmar-terra-e-congressista--que-mais-difundiu-desinformacao-sobre-coronavirus-no-twitter/. Acesso em: 29 jun. 2021.

FILHO, João. Ciência fajuta e propaganda enganosa: entenda tudo o que está errado no PL do veneno. **The Intercept Brasil**, 8 jul. 2018. Disponível em: https://www.theintercept.com/2018/07/08/ciencia-fajuta-e-propaganda-enganosa-entenda-tudo-o-que-esta-errado-no-pl-do-veneno/. Acesso em: 29 jun. 2021.

FURNALETO, Audrey. Ministro ataca Fiocruz e diz que não confia em estudo sobre drogas engavetado pelo governo. **O Globo**, 29 maio 2019. Disponível em: https://oglobo.globo.com/sociedade/ministro-ataca-fiocruz-diz-que-nao-confia-em-estudo-sobre-drogas-engavetado-pelo--governo-23696922. Acesso em: 29 jun. 2021.

SCOLA, Daniel. Entrevista Osmar Terra, ex-ministro da Cidadania e deputado federal pelo MDB. **Rádio Gaúcha**, 14 maio 2020. Disponível em: https://soundcloud.com/radiogaucha/osmar-terra-ex-ministro-da-cidadania-e-deputado-federal-mdb-14052020?in=radiogaucha/sets/atualidade-03. Acesso em: 29 jun. 2021.

TERRA, Osmar. Este Sr. que tentou assustar a população errou 2 vezes [...]. Twitter: @OsmarTerra, 28 abr. 2020. Disponível em: https://twitter.com/OsmarTerra/status/1255129410862268416. Acesso em: 29 jun. 2021.

ULRICH, Fernando. Como combater o coronavírus: entrevista com o médico e deputado Osmar Terra. YouTube: Fernando Ulrich, 23 mar. 2020. Disponível em: https://www.youtube.com/watch?v=SmiWf1qjAYI. Acesso em: 29 jun. 2021.

FILIPE MARTINS E A REDE DE MENTIRAS AGONIZAM: UM TUITEIRO NOCAUTEOU A GRANA DE SITES DE FAKE NEWS

MAIO DE 2020

EMPRESAS ESTÃO TIRANDO ANÚNCIOS DE SITES DE MENTIRAS APÓS ALERTAS DE CONTA NO TWITTER. NOS EUA, PÁGINAS DE EXTREMA DIREITA PERDERAM MILHÕES COM A MESMA AÇÃO

UMA REPORTAGEM do El País revelou como um perfil no Twitter virou a grande pedra no sapato da extrema direita americana. Com o nome de Sleeping Giants, o perfil criado em 2016 expôs ao escracho público as marcas que anunciavam em sites de fake news. O perfil informava ao público os nomes das empresas e compartilhava as capturas de tela dos anúncios nas suas redes oficiais. A tática foi um sucesso, e as empresas se viram obrigadas a anunciar publicamente o bloqueio dos anúncios.

Um dos sites que o perfil ajudou a derrubar foi o Breitbart News, famoso por inventar histórias contra adversários de Donald Trump. Durante a eleição presidencial, o site publicou a história que a então candidata Hillary Clinton comandava uma rede de pedofilia e promovia orgias sexuais com crianças no porão de uma pizzaria. Após a ação do Sleeping Giants, o site viu ir embora mais de 4,5 mil anunciantes — um golpe que significou uma perda de mais de 8 milhões de euros. Steve Bannon, o guru da extrema direita internacional, era o proprietário do site e, à época, chamou o Sleeping Giants de "a pior coisa que há". Como se sabe, Bannon é o homem por trás da engenharia de desinformação dos extremistas de direita no mundo inteiro. As mentiras que ajudaram a eleger Trump foram uma inspiração para o surgimento das mamadeiras de piroca que ajudaram a eleger Bolsonaro.

Um estudante que desenvolve pesquisas sobre fake news leu essa reportagem do El País e decidiu criar a versão brasileira do Sleeping Giants. Em apenas quatro dias, o perfil ultrapassou a marca de 200 mil seguidores e virou um movimento coletivo contra a propagação de mentiras. Para ter uma ideia do sucesso brasileiro, o perfil americano juntou 270 mil seguidores em quatro anos. As marcas passaram a ser cobradas, e quase todas anunciaram o fim dos anúncios em sites que disseminam mentiras. O sucesso da iniciativa enfureceu as hostes bolsonaristas, que imediatamente partiram para o contra-ataque.

Um dos que lideraram a manada foi Filipe Martins, esse projeto sorocabano de Steve Bannon. Ele é o bolsonarista mais próximo do americano e o responsável por aplicar o seu know-how de mentiras no Brasil. O jovem de 31 anos é, junto de Carlos Bolsonaro, um dos arquitetos por trás do "gabinete do ódio", conhecido oficialmente como Assessoria Especial da Presidência. Nomeado por indicação de Olavo de Carvalho, Martins também é o responsável por fazer o meio de campo entre o governo e as milícias virtuais bolsonaristas: youtubers, blogueiros e sites de notícias falsas. É ele quem organiza o ódio bolsonarista e municia a militância com conteúdo.

O assessor especial provocou o criador do Sleeping Giants, Matt Rivitz, que causou aquele prejuízo milionário ao seu guru americano. É que no fantástico mundo olavista de Martins parece óbvio que há "forças globalistas" por trás da versão brasileira. O aprendiz de Steve Bannon chamou de "censura" e "prática totalitária" uma ação feita por livre iniciativa das pessoas que protestaram e das empresas privadas que optaram por retirar os anúncios. Onde está a turma do ultraliberalismo sem freio nessas horas? Cadê seu deus livre mercado agora?

O Sleeping Giants brasileiro começou focando nos anunciantes do site Jornal da Cidade Online, que já foi alvo de processos por publicação de mentiras e está sendo investigado pela CPMI das Fake News. O relatório da comissão afirma que há "indícios da prática de condutas ilegais de José Pinheiro Tolentino Filho por meio de seu projeto de comunicação Jornal da Cidade Online". O site já teve que pagar R$ 150 mil em indenização para o presidente da OAB, Felipe Santa Cruz, pela publicação de uma mentira sobre ele. Não é uma coincidência o fato de essa mentira ter sido publicada justamente na época em que Santa Cruz protagonizou um bate-boca público com Bolsonaro.

Assim como a maioria de sites e blogs ligados ao bolsonarismo, o Jornal da Cidade Online consegue faturar com anúncios pelo Adsense, um serviço da Google que os distribui automaticamente para sites assinantes. Nesse formato, as empresas não escolhem para quais páginas irão seus anúncios. É o algoritmo da Google que os distribui. Ao serem expostas como patrocinadoras de sites que publicam mentiras, as grandes marcas imediatamente se posicionaram.

Segundo levantamento do UOL, o Jornal da Cidade Online contava com 903 anunciantes. Durante pouco mais de um ano, essas empresas fizeram juntas 1.987 anúncios diferentes no site. O maior anunciante foi o Banco do Brasil, que, ao ser confrontado no Twitter, também informou que retiraria os anúncios.

Foi aí que o gabinete do ódio pegou fogo. Filipe Martins e Carlos Bolsonaro acionaram a rede virtual bolsonarista, que reagiu em peso junto com políticos e outros expoentes da extrema direita. A deputada bolsonarista Carla Zambelli, do PSL paulista, e o chefe da Secom, Fábio Wajngarten, também foram escalados para repudiar o episódio. Wajngarten, que cuida das verbas publicitárias do governo, disse que o governo irá "contornar a situação" e garantir a "defesa da liberdade de expressão". Afirmou, ainda, ter certeza de que o Jornal Cidade Online "faz um trabalho seríssimo".

Para os padrões de seriedade de Wjangarten, investigado pelos crimes de corrupção, peculato e advocacia administrativa, a análise faz sentido. O Jornal da Cidade Online é um veículo tão sério que alguns de seus repórteres e colunistas não existem. O site publicava textos assinados por repórteres com identidades falsas para poder atacar ministros do STF e adversários políticos de Bolsonaro. Também está sendo processado por atacar desembargadores do Rio de Janeiro e o ministro Gilmar Mendes com ofensas usando esses perfis falsos.

Logo após o resmungo de Carluxo[13] no Twitter, o Banco do Brasil, cujo gerente executivo de Marketing e Comunicação é filho do vice-presidente da República, voltou atrás da decisão e manteve os anúncios no site de fake news. Ou seja, um vereador carioca, lotado não oficialmente no gabinete do ódio, interferiu na política de anúncios de uma estatal. O filho do presidente da República conseguiu manter as verbas públicas que irrigam um site que defende o bolsonarismo espalhando fake news. É o dinheiro do povo brasileiro sendo usado para financiar a rede de mentiras que sustenta o governo.

A tática de constranger marcas que apoiam iniciativas se mostrou importante e eficaz, mas a Google[14], que gerencia a maior parte dos anúncios na internet, também deve ser cobrada. É ela que controla o algoritmo que ajuda a financiar esses sites. Em novembro do ano passado, o Intercept revelou como a Google ofereceu treinamentos grátis para ensinar blogueiros bolsonaristas e antipetistas a faturarem com Adsense. Muitos desses blogueiros eram notórios criadores de fake news. Não adianta a empresa lavar as mãos.

13 Carluxo é o apelido de Carlos Bolsonaro, filho de Bolsonaro e vereador do Rio de Janeiro.

14 O relatório do inquérito dos atos antidemocráticos conduzido pelo STF mostra que o YouTube pagou R$ 6.873 milhões, entre 2018 e 2020, a 12 canais bolsonaristas suspeitos de envolvimento nos protestos contra o Supremo Tribunal Federal e o Congresso no ano passado. A montanha de dinheiro é fruto dos anúncios fornecidos pela Google, segundo revelou uma reportagem do Intercept Brasil de 8 de junho de 2021. Disponível em: https://theintercept.com/2021/06/08/youtube-paga-milhoes-canais-bolsonaristas-stf/.

O criador do Sleeping Giants brasileiro[15] pretende se manter no anonimato porque viu o inventor da tática sofrendo sérias ameaças de morte nos EUA. Mexer com a extrema direita é sempre perigoso. E, quando seu núcleo central mantém ligações políticas e financeiras com as milícias, todo cuidado é pouco.

REFERÊNCIAS

DIAS, Tatiana. YouTube pagou R$ 6,9 milhões em dois anos a canais bolsonaristas investigados no STF. **The Intercept Brasil**, 8 jun. 2021. Disponível em: https://theintercept.com/2021/06/08/youtube-paga-milhoes-canais-bolsonaristas-stf/. Acesso em: 29 jun. 2021.

FILHO, João. Agenda de Eduardo Bolsonaro como embaixador nos EUA vai ser dedicada ao bolsonarismo. **The Intercept Brasil**, 21 jul. 2019. Disponível em: https://theintercept.com/2019/07/21/eduardo-bolsonaro-embaixador-eua-bannon-extrema-direita/. Acesso em: 29 jun. 2021.

GHEDIN, Rodrigo; DIAS, Tatiana; RIBEIRO, Paulo Victor. Grana por Cliques. **The Intercept Brasil**, 19 nov. 2019. Disponível em: https://theintercept.com/2019/11/19/fake-news-google-blogueiros-antipetistas/. Acesso em: 29 jun. 2021.

15 Os criadores do perfil Sleeping Giants Brasil revelaram sua identidade em dezembro de 2020. É um casal de estudantes de Direito do Paraná. A informação foi revelada pela Folha de S. Paulo. Disponível em: https://www.poder360.com.br/midia/sleeping-giants-brasil-foi-fundado-por-casal-de-22-anos-do-interior-do-parana/.

NETTO, Paulo Roberto. Após retirada de anúncios em site acusado de 'fake news', chefe da Secom diz que vai 'contornar a situação'. **Estadão**, 21 maio 2020. Disponível em: https://politica.estadao.com.br/blogs/fausto-macedo/apos-retirada-de-anuncios-em-site-acusado-de-fake-news-chefe-da-secom-diz-que-vai-contornar-a-situacao/. Acesso em: 29 jun. 2021.

OLLIVEIRA, Cecília. As ligações dos Bolsonaro com as milícias. **The Intercept Brasil**, 22 jan. 2019. Disponível em: https://theintercept.com/2019/01/22/bolsonaros-milicias/. Acesso em: 29 jun. 2021.

PIRES, Breiller. Movimento expõe empresas do Brasil que financiam, via anúncios, sites de extrema direita e notícias falsas. **El País**, 20 maio 2020. Disponível em: https://brasil.elpais.com/brasil/2020-05-20/movimento-expoe-empresas-do-brasil-que-financiam-via-publicidade-sites-de-extrema-direita-e-que-propagam-noticias-falsas.html. Acesso em: 29 jun. 2021.

POLÍCIA Federal abre inquérito contra Wajngarten por corrupção e peculato. **Congresso em foco**, 4 fev. 2020. Disponível em: https://congressoemfoco.uol.com.br/governo/policia-federal-abre-inquerito-contra-wajngarten-por-corrupcao-e-peculato/. Acesso em: 29 jun. 2021.

QUEIMALIÑOS, Rebeca. O homem que arruinou a extrema direita nos EUA. **El País**, 17 maio 2020. Disponível em: https://brasil.elpais.com/icon/2020-05-17/o-homem-que-arruinou-a-extrema-direita-nos-eua.html. Acesso em: 29 jun. 2021.

REBELLO, Aiuri. Alvo de CPI, site de fake news com 903 anunciantes perde apoio com campanha. **UOL**, 21 maio 2020. Disponível em: https://noticias.uol.com.br/politica/ultimas-noticias/2020/05/21/alvo-de-cpi-site-de-fake-news-com-903-anunciantes-perde-apoio-com-campanha.htm. Acesso em: 29 jun. 2021.

RIBEIRO, Amanda; MENEZES, Luiz Fernando. Jornal da Cidade Online usa perfis apócrifos para atacar políticos e magistrados. **Aos Fatos**, 4 jul. 2019. Disponível em: https://www.aosfatos.org/noticias/jornal-da-cidade-online-usa-perfis-apocrifos-para-atacar-politicos-e-magistrados/. Acesso em: 29 jun. 2021.

SITE bolsonarista usa perfis falsos para atacar políticos, juízes e ministros do STF. **Consultor Jurídico**, 4 jul. 2019. Disponível em: https://www.conjur.com.br/2019-jul-04/site-usa-perfis-falsos-atacar-politicos-juizes-ministros. Acesso em: 29 jun. 2021.

SLEEPING Giants Brasil foi fundado por casal de 22 anos do interior do Paraná. **Poder 360**, 13 dez. 2020. Disponível em: https://www.poder360.com.br/midia/sleeping-giants-brasil-foi-fundado-por-casal-de-22-anos-do-interior-do-parana/. Acesso em: 29 jun. 2021.

STEVE Bannon on sleeping giants: "They're the worst." [...]. Twitter: @slpng_giants, 5 abr. 2019. Disponível em: https://twitter.com/slpng_giants/status/1114168847563497472. Acesso em: 29 jun. 2021.

WAJNGARTEN, Fabio. Agora tenho a certeza, a julgar pela turma que está esbravejando contra, de que o @JornalDaCidadeO faz um trabalho seríssimo. [...]. Twitter: @fabiowoficial, 20 maio 2020. Disponível em: https://twitter.com/fabiowoficial/status/1263237244351131649. Acesso em: 29 jun. 2021.

SARA WINTER

DO 300 PELO BRASIL E SEU PLANO DE “UCRANIZAR” O BRASIL

MAIO DE 2020

SARA WINTER E O MOVIMENTO PARAMILITAR LIDERADO POR ELA REFLETEM O DESEJO DE BOLSONARO DE ARMAR E PREPARAR A POPULAÇÃO PARA UMA GUERRA CIVIL

BOLSONARO SEMPRE USOU os altos índices de violência do país para justificar o "liberou geral" no porte de armas. Mas, na reunião ministerial de 22 de abril de 2020, revelada pelo Supremo Tribunal Federal, confessou aos ministros haver outros motivos. O presidente deixou claro que pretende armar a população para que ela não seja "escravizada por uma ditadura". Agora está nítido que há um objetivo político por trás dos decretos sobre armas. Não é uma mera questão de segurança pública, mas de armar a população para o enfrentamento político. Bolsonaro quer uma guerra civil.

Essa busca é uma obsessão antiga. Em 1999, ainda deputado federal, Bolsonaro disse que o país só mudaria se "partíssemos para uma guerra civil. Matando uns 30 mil, começando com FHC (o então presidente)". E completou com a mesma sensibilidade com que trata os mortos pela pandemia da covid-19: “Vão morrer alguns inocentes. Tudo bem. Em toda guerra morrem inocentes”. A confissão desta semana do presidente, portanto, não chega a ser uma grande novidade. Armar a população para iniciar uma guerra civil e matar adversários políticos está presente no repertório de Bolsonaro há décadas.

Enquanto confessava mais esse crime de responsabilidade, um grupo de militantes bolsonaristas se organizava para montar um acampamento nos arredores da Esplanada dos Ministérios. Chamado de 300 Pelo Brasil, o movimento estimula a desobediência civil e apoia o governo Bolsonaro. Eles estão se armando e se preparando para a guerra civil projetada pelo presidente. A líder do grupo é Sara Winter, codinome que ela teria adotado para homenagear uma espiã nazista britânica. Winter é uma ex-feminista do Femen que acabou se transformando em uma ultrarreacionária católica obcecada pelo combate ao aborto. Até pouco tempo atrás, tinha um cargo no governo Bolsonaro. Foi secretária de Damares no Ministério da Mulher, Família e Direitos Humanos — saiu para se dedicar à causa antiaborto.

A militante bolsonarista tem ligações com o movimento neonazista há tempos. Além do codinome associado a Hitler, Winter tem uma cruz de ferro nazista tatuada no peito e foi uma assídua frequentadora de shows de bandas de rock neonazistas.

Em maio de 2020, Winter teve seus computadores apreendidos pela Polícia Federal, que cumpriu um mandado expedido pelo ministro Alexandre de Moraes, fruto de uma investigação conduzida pelo STF sobre fake news. Ela é conhecida também por ser uma contumaz disseminadora de mentiras na internet.

Após a abordagem da PF, Sara gravou um vídeo ameaçando o ministro. Disse que se morasse em São Paulo já teria dado “socos nesse filho da puta desse arrombado” e prometeu que seu grupo irá iniciar uma perseguição contra a vida pessoal dele: “A gente vai infernizar a tua vida. A gente vai descobrir os lugares que você frequenta. A gente vai descobrir as empregadas domésticas que trabalham pro senhor. A gente vai descobrir tudo da sua vida. Até o senhor pedir pra sair. Hoje, o senhor tomou a pior decisão da vida do senhor”. É esse espírito que norteia as ações do 300 Pelo Brasil.

Trata-se de um grupo paramilitar ainda pequeno, mas com discurso inflamado, belicoso e decidido a levar o país ao caos. O nome 300 Pelo Brasil é uma referência ao filme *300*, que retrata a vitória do exército espartano, na qual 300 soldados lutaram contra o exército persa e seus 30 mil soldados.

O filme foi criticado pela estética fascista: enquanto soldados espartanos são musculosos e hipermasculinizados, os persas são retratados como invasores selvagens e afeminados. Movimentos de extrema direita europeus usam o filme como referência na sua luta contra imigrantes e refugiados. Em 2019, um grupo de 300 neonazistas saiu às ruas na Alemanha para protestar contra a presença de imigrantes no país. O número 300 virou uma marca do neonazismo na Europa.

O lema do 300 Pelo Brasil é "vamos ucranizar o Brasil", repetido inclusive por políticos bolsonaristas com mandato. Mas o que isso significa exatamente? Bom, trata-se de uma gíria criada por bolsonaristas simpatizantes das milícias que se formaram nos protestos sangrentos na Ucrânia em 2014. Por pressão de Vladimir Putin, o governo ucraniano decidiu não assinar o acordo de integração com a União Europeia, revoltando parte da população. Grupos neonazistas armados foram os grandes protagonistas nos confrontos contra o governo. Os protestos culminaram com uma invasão ao palácio e a deposição do presidente.

Após o golpe, a formação do novo governo contou com muitos políticos de extrema direita. Eles acreditam que russos e judeus são um entrave para a prosperidade da Ucrânia. Essas milícias neonazistas acabaram sendo incorporadas pelo exército com a nova gestão. Desde então, o país segue em guerra civil e atolado em uma profunda crise política e econômica. Os movimentos neonazistas nunca estiveram tão fortes, e hoje integram o Estado ucraniano.

Na manifestação contra Doria na Avenida Paulista no domingo, 24 de maio, a militância bolsonarista levou a bandeira do Right Sector, um dos grupos neonazistas que protagonizaram os conflitos na Ucrânia.

Não é uma coincidência. Uma reportagem do Financial Times de 2017 contou como militantes da extrema direita brasileira receberam treinamento dos neonazistas ucranianos. Sara Winter, inclusive, adora repetir que foi "treinada na Ucrânia".

Associar o bolsonarismo ao neonazismo não é uma forçação de barra, longe disso. Grupos neonazistas brasileiros já saíram às ruas para defender Bolsonaro quando ele ainda era deputado. O presidente da República sempre foi o político preferido dos neonazistas brasileiros. Não é uma questão de opinião. São os fatos.

Eduardo Bolsonaro declarou nesta semana que, apesar de os aliados "moderados" quererem evitar uma ruptura, ela será inevitável. Preocupado com o cerco do STF aos bolsonaristas investigados por disseminar fake news e com a possibilidade de o papai não terminar o mandato, o deputado demonstra apoio àqueles que pretendem jogar o Brasil numa guerra civil para "ucranizá-lo".

O bolsonarista Roberto Jefferson também tem falado em guerra civil caso tentem derrubar Bolsonaro. Ele, que já apareceu em foto com fuzil na mão dizendo estar se preparando para "combater o comunismo", jogou todas as cartas na mesa: "Bolsonaro só sai no tiro. [...] Essencialmente, quem faz a base do Bolsonaro? Policial civil, policial militar, bombeiro, policial rodoviário, policial federal, militar na ativa, militar reformado. É uma base forte e disposta à luta. É uma base de leões. Se tiver que ir para a luta, vai. Se tiver que defender o chefe, esse grupo vai. Eles vão para a rua e vão defender. E nós também".

Jefferson faz questão de lembrar que o bolsonarismo tem uma base de apoio armada. Apesar de o ex-mensaleiro ser um notório falastrão, não há por que duvidar dessas ameaças. Lembremos de como o bolsonarismo apoiou em peso o motim de policiais militares no Ceará. Amotinados, os agentes se transformaram em milicianos e tentaram assassinar um senador da República. Não houve uma só nota de repúdio do presidente. Se Bolsonaro sofrer um processo de impeachment, tudo indica que essa base de apoio será convocada a ucranizar o Brasil e atingir a tão desejada ruptura.

Em sua *live* semanal das quintas-feiras, no final de maio, Bolsonaro apareceu bebendo um copo de leite, um gesto que foi repetido por Allan dos Santos e Damares. A associação com os supremacistas brancos da extrema direita americana, que usam o mesmo gesto para "exaltar a raça", é inevitável. No sábado, o grupo de Winter marchou até o STF com tochas na mão e uma faixa com o número 300. A estética do protesto remete aos cavaleiros da Ku Klux Klan e aos neonazistas de Charlottesville. Liderados por Sara, poucos homens, no máximo uns 30, gritavam: "Viemos cobrar! O STF não vai nos calar!".

A ruptura democrática do projeto bolsonarista está escrita na cartilha de Steve Bannon, que faz a cabeça da extrema direita internacional. O projeto de destruição da democracia, até aqui bem-sucedido, parece ter chegado ao seu estágio final. Toda vez que o estado de direito atrapalha esse projeto, como é o caso desse inquérito das fake news, o bolsonarismo intensifica a radicalização. Além de rebeldes armados acamparem em Brasília instigando a tal ucranização do Brasil, temos o general Augusto Heleno fazendo ameaças de golpe; Bolsonaro aparelhando a PF e consolidando a formação de um estado policial para perseguir adversários políticos; e Olavo de Carvalho declarando que Alexandre de Moraes merece a pena de morte. O bolsonarismo está subindo o tom e não vai esperar ver seus integrantes serem presos para agir. O objetivo é o caos. Que ninguém se diga surpreso quando ele chegar.

REFERÊNCIAS

ALEXANDRE de Moraes nunca vai ter paz, vamos infernizar, ameaça Sara Winter. YouTube: Poder360, 27 maio 2020. Disponível em: https://www.youtube.com/watch?v=BaFOLeKH63E. Acesso em: 1 jul. 2021.

ALMEIDA, Marcelo. Líder do Femen no Brasil é criticada por foto recente com skinheads. **Folha de S. Paulo**, 19 ago. 2012. Disponível em: https://f5.folha.uol.com.br/humanos/1139734-lider-do-femen-e-criticada-por-foto-recente-com-skinheads.shtml. Acesso em: 1 jul. 2021.

ALMEIDA, Marcelo. Líder feminista tem cruz de ferro tatuada e diz ter sido prostituta. **Folha de S. Paulo**, 16 ago. 2012. Disponível em: https://f5.folha.uol.com.br/humanos/1138203-lider-feminista-tem-simbolo-nazista-tatuado-e-diz-ter-sido-prostituta.shtml. Acesso em: 1 jul. 2021.

AZEVEDO, Reinaldo. Bolsonaro, o subversivo, confessa que arma população para uma guerra civil. **UOL**, 22 maio 2020. Disponível em: https://noticias.uol.com.br/colunas/reinaldo-azevedo/2020/05/22/bolsonaro-o-subversivo-confessa-que-arma-populacao-para-uma-guerra-civil.htm. Acesso em: 1 jul. 2021.

BOLSONARO defende guerra civil no Brasil e sonegação de impostos em vídeo de 1999. **Estado de Minas**, 29 ago. 2018. Disponível em: https://www.em.com.br/app/noticia/politica/2018/08/29/interna_politica,984474/bolsonaro-defende-guerra-civil-no-brasil-e-sonegacao-de-impostos-em-vi.shtml. Acesso em: 1 jul. 2021.

BONIN, Robson. Ex-feminista que trabalhava com Damares deixa o ministério. **Veja**, 12 nov. 2019. Disponível em: https://veja.abril.com.br/blog/radar/ex-feminista-que-trabalhava-com-damares-deixa-o-ministerio/. Acesso em: 1 jul. 2021.

COM foto de fuzil em mãos, Roberto Jefferson sugere combate aos "comunistas". **O Tempo**, 9 maio 2020. Disponível em: https://www.otempo.com.br/coronavirus/com-foto-de-fuzil-em-maos-roberto-jefferson-sugere-combate-aos-comunistas-1.2335283. Acesso em: 1 jul. 2021.

DIP, Andrea; FRANZEN, Niklas. Especialistas apontam semelhanças entre os 300 de Sara Winter e grupos fascistas europeus. **Pública**, 28 maio 2020. Disponível em: https://apublica.org/2020/05/especialistas-apontam-semelhancas-entre-os-300-de-sara-winter-e-grupos-fascistas-europeus/. Acesso em: 1 jul. 2021.

FERNÁNDEZ, Rodrigo. Yanukovich sustenta que "um grupo de neonazistas" governa Kiev. **El País**, 11 mar. 2014. Disponível em: https://brasil.elpais.com/brasil/2014/03/11/internacional/1394537176_483330.html. Acesso em: 1 jul. 2021.

FILHO, João. Nazistas brasileiros odeiam a esquerda e veneram Bolsonaro. **The Intercept Brasil**, 7 abr. 2019. Disponível em: https://theintercept.com/2019/04/07/nazistas-bolsonaro-esquerda-israel/. Acesso em: 1 jul. 2021.

LA 'TERRORÍFICA' marcha de 300 neonazis en Alemania. **El Español**, 3 maio 2019. Disponível em: https://www.elespanol.com/mundo/20190503/terrorifica-marcha-neonazis-alemania/395740426_3.html. Acesso em: 1 jul. 2021.

LEAHY, Joe. Brazil neo-Nazi claim challenges myth of nation's racial harmony. **Financial Times**, 10 jan. 2017. Disponível em: https://www.ft.com/content/f9ee01ca-ce49-11e6-864f-20dcb35cede2. Acesso em: 1 jul. 2021.

OLAVO de Carvalho quer pena de morte para Alexandre de Moraes. **Catraca Livre**, 28 maio 2020. Disponível em: https://catracalivre.com.br/cidadania/olavo-de-carvalho-quer-pena-de-morte-para-alexandre-de-moraes/. Acesso em: 1 jul. 2021.

O QUE está por trás das manifestações na Ucrânia? **BBC News Brasil**, 15 dez. 2013. Disponível em: https://www.bbc.com/portuguese/noticias/2013/12/131215_ucrania_protestos_geopolitica_mm. Acesso em: 1 jul. 2021.

RUIC, Gabriela. Trump: Supremacistas brancos, KKK e neonazistas são repugnantes. **Exame**, 14 ago. 2017. Disponível em: https://exame.com/mundo/trump-supremacistas-brancos-kkk-e-neonazistas-sao-repugnantes/. Acesso em: 1 jul. 2021.

RODRIGO CONSTANTINO

FOI DEMITIDO PELOS VEÍCULOS DE IMPRENSA QUE NORMALIZARAM SUAS BARBARIDADES

NOVEMBRO DE 2020

PRODUTO DO ANTIPETISMO ALUCINADO FORJADO DURANTE ANOS POR IMPORTANTES VEÍCULOS DA GRANDE IMPRENSA, CONSTANTINO FICOU AINDA MAIS À VONTADE SOB O NOVO GOVERNO

O PAÍS SE CHOCOU com as imagens das agressões verbais que Mariana Ferrer[16] sofreu do advogado de André Aranha, o acusado de estupro que foi absolvido em primeira instância. Mas houve quem tenha se chocado menos e preferido questionar as atitudes da vítima. Enquanto o advogado, o promotor e o juiz do caso eram esculachados pela opinião pública, o economista Rodrigo Constantino apareceu para dar sequência às humilhações sofridas por Mariana.

16 O caso Mariana Ferrer se tornou nacionalmente conhecido a partir de uma reportagem publicada no Intercept Brasil em 2 de novembro de 2020, que revelava o julgamento de André Aranha, acusado pelo estupro da influencer catarinense. Aranha foi absolvido após a Justiça ter acatado a tese do Ministério Público de que o réu não tinha como saber, no ato sexual, se Mariana tinha ou não condições de consentir. Disponível em: https://theintercept.com/2020/11/03/influencer-mariana-ferrer-estupro-culposo/.

Constantino afirmou que castigaria sua filha caso ela fosse estuprada estando bêbada. Disse ainda que não denunciaria o estuprador. No afã de defender os famigerados valores da família tradicional brasileira, o economista passaria pano para o estuprador da sua própria filha.

É essa lógica doentia que faz a cabeça dos ultraconservadores. Esse fanatismo moral é uma característica central do conteúdo produzido por Constantino. Não é à toa que ele se tornou um dos maiores puxa-sacos de Bolsonaro e hoje atua como cão de guarda do bolsonarismo nos locais onde trabalha. Da direita à esquerda, todos condenaram a fala de Constantino, menos, é claro, a militância bolsonarista, que apareceu em peso para defendê-lo em nome de uma falsa liberdade de expressão, como se a relativização de um crime hediondo fosse uma questão de opinião. Teve até deputado bolsonarista — Paulo Eduardo Martins — que saiu em defesa dos absurdos do economista.

Depois da forte reação pública à sua fala ostensivamente misógina na Jovem Pan, Constantino iniciou uma *live* em seu canal não para se retratar, mas para reforçar o ódio contra mulheres que não se comportam de acordo com seus deploráveis valores morais. Afirmou também que sua fala foi propositalmente descontextualizada — o que é mentira — e usada pela esquerda para persegui-lo. "Eu não vou só falar de economia. Não vou ser um laranjinha, covardão do [partido] Novo que acende vela pra tucano e pra esquerda. Essa é a guerra. A guerra é cultural. Os socialistas estão vencendo pelo ambientalismo, pelo feminismo", falou, indignado, compartilhando a conspiração globalista difundida no Brasil por Olavo de Carvalho, de quem foi um admirador antes de brigarem.

Muito antes de aderir ao bolsonarismo, Constantino já era uma figurinha carimbada no debate público. É um produto do antipetismo alucinado forjado durante anos por veículos da grande imprensa, que sempre lhe ofereceram importantes tribunas. Foi nesses espaços que pôde destilar seu machismo e angariar leitores. A declaração feita na Jovem Pan não é isolada, mas está plenamente contextualizada dentro da sua carreira de articulista. Na Gazeta do Povo, onde permanece empregado até hoje, revelou sua obsessão por atacar mulheres feministas, sempre com títulos de baixíssimo nível:

"Aprendam, feministas: esse mundo é dos homens — e sempre será"

"A prova definitiva de que o feminismo é uma máquina de destruição de cérebros"

"Feminismo: de refúgio das barangas recalcadas para máquina de destruição de beleza"

"O feminismo é a porta de entrada para o socialismo"

"Juíza indicada por Trump cala feministas"

"O instinto feminista é atirar primeiro e perguntar depois"

"O socialismo venceu por meio do feminismo"

Além da Gazeta do Povo e da Jovem Pan, o fanatismo moral de Rodrigo Constantino já desfilou n'O Globo, no Valor Econômico, na Época, na Veja, em Zero Hora, na Rádio Guaíba e na IstoÉ. Todos esses veículos deram espaço para que esse tipo de conteúdo fosse produzido por ele.

A revolta com a declaração na Jovem Pan não ficou restrita às redes de esquerda, como insinuou Constantino, mas furou a bolha e revoltou boa parte da audiência dos veículos que o empregam. Isso fez com que a Jovem Pan, a Record, a Rádio Guaíba, o jornal Correio do Povo, o jornal Zero Hora e a Editora Record encerrassem os vínculos profissionais com o economista. Constantino não foi demitido por causa de uma opinião, como manchetou a revista IstoÉ, mas porque relativizou um crime de estupro e transformou a vítima em coautora. Registre-se que todas essas empresas compactuaram com o proselitismo reacionário do economista nos últimos anos.

Constantino não surgiu do nada. Não emergiu do submundo reacionário das redes sociais. Antes de começar a aparecer na mídia, trabalhou por mais de dez anos no mercado financeiro. Só virou essa figura conhecida no debate político após ter sido um dos membros-fundadores do Instituto Millenium, um poderoso *think tank* neoliberal que reúne intelectuais e jornalistas de grandes veículos. O instituto já teve importantes parceiros e mantenedores, como a Editora Abril, o Estadão, o Grupo RBS e instituições financeiras como o Bank of America.

Foi a partir da participação na fundação do Millenium que as portas da mídia *mainstream* começaram a se abrir para o economista. Constantino é um dos membros-fundadores do grupo que tem na sua linha de frente figurões como Paulo Guedes, Ali Kamel, Alexandre Schwartsman e Gustavo Franco, entre outros nomes poderosos. O economista sempre foi um homem com ideias reacionárias, mas é um legítimo produto dos liberais e da grande imprensa. Chegou pela porta da frente.

Antes de virar esse pária, Constantino foi tratado pela imprensa como uma nova estrela do colunismo brasileiro. A Veja publicou um texto promovendo um dos seus livros chamando-o de "trovão da razão": "O economista Rodrigo Constantino, colunista da Veja.com, diz coisas tão espetacularmente corretas que nem precisava gritar".

Depois de demiti-lo, em 2015, a revista apagou todos seus textos do site. Constantino alegou que "a Veja sucumbiu ao PT". Quando foi demitido do jornal O Globo, onde teve um palanque por seis anos — e escrevia colunas do mesmo baixo nível contra mulheres feministas —, também culpou a esquerda: "A turma de Chico Buarque conseguiu mais uma vitória".

A revista Época publicou uma matéria em 2012 chamando-o de "novo trombone da direita". Ali foi incensado como um "intelectual provocador" que ajudou a "roubar da esquerda a supremacia no terreno da polêmica nos dez anos do PT". O baixo nível que o "intelectual" adota usualmente em seus textos sempre foi útil para achincalhar as esquerdas. Nenhum desses veículos pode se dizer surpreso.

Constantino aproveitou a onda de demissões para se apresentar quase como um mártir da liberdade de expressão. O autointitulado "liberal sem medo da polêmica" ficou indignado com a reação do mercado, que o descartou depois que a pressão da opinião pública o transformou em produto sem valor. Foi a lógica capitalista que move as empresas de jornalismo e seus anunciantes que o cuspiram fora. Constantino joga a culpa na esquerda por cacoete.

Apesar de tantas demissões, Constantino continua fazendo parte do elenco da Gazeta do Povo, o principal jornal do Paraná, que se tornou uma das casas da extrema direita bolsonarista. Ligada à Opus Dei, a publicação não se curvou à pressão dos seus próprios funcionários e manteve o colunista que acredita que estuprador de mulheres alcoolizadas não precisa ser denunciado.

Embora tenha perdido palanques importantes, Constantino continua sendo um nome forte nas redes sociais. A exposição em importantes empresas de jornalismo durante anos contribuiu para normalizar as barbaridades do economista. Se agora lhe falta prestígio, não faltarão consumidores para a sua barbárie. O bolsonarismo, que ele ajudou a alimentar usando os palcos fornecidos pela imprensa, está aí para abrigá-lo.

REFERÊNCIAS

ALVES, Schirlei. Julgamento de influencer Mariana Ferrer termina com tese inédita de 'estupro culposo' e advogado humilhando a jovem. **The Intercept Brasil**, 3 nov. 2020. Disponível em: https://theintercept.com/2020/11/03/influencer-mariana-ferrer-estupro-culposo/. Acesso em: 27 jun. 2021.

CONSTANTINO, Rodrigo. Aprendam, feministas: esse mundo é dos homens — e sempre será. **Gazeta do Povo**, 15 jun. 2018. Disponível em: https://www.gazetadopovo.com.br/rodrigo-constantino/artigos/aprendam-feministas-esse-mundo-e-dos-homens-e-sempre-sera/. Acesso em: 27 jun. 2021.

CONSTANTINO, Rodrigo. A prova definitiva de que o feminismo é uma máquina de destruição de cérebros. **Gazeta do Povo**, 13 mar. 2018. Disponível em: https://www.gazetadopovo.com.br/rodrigo-constantino/artigos/prova-definitiva-de-que-o-feminismo-e-uma-maquina-de-destruicao-de-cerebros/. Acesso em: 27 jun. 2021.

CONSTANTINO, Rodrigo. Esclarecimento sobre caso do estupro e saída da Jovem Pan. YouTube: Rodrigo Constantino, 4 nov. 2020. Disponível em: https://www.youtube.com/watch?v=qtY9Yj78sYo&ab_channel=RodrigoConstantino. Acesso em: 27 jun. 2021.

CONSTANTINO, Rodrigo. Feminismo: de refúgio das barangas recalcadas para máquina de destruição de beleza. **Gazeta do Povo**, 16 fev. 2017. Disponível em: https://www.gazetadopovo.com.br/rodrigo-constantino/artigos/feminismo-de-refugio-das-barangas-recalcadas-para-maquina-de-destruicao-de-beleza/. Acesso em: 27 jun. 2021.

CONSTANTINO, Rodrigo. Feministas igualitárias – artigo de hoje no GLOBO. **Gazeta do Povo**, 10 nov. 2015. Disponível em: https://www.gazetadopovo.com.br/rodrigo-constantino/artigos/feministas-igualitarias-artigo-de-hoje-no-globo/. Acesso em: 29 jun. 2021.

CONSTANTINO, Rodrigo. Juíza indicada por Trump cala feministas. **Gazeta do Povo**, 15 out. 2020. Disponível em: https://www.gazetadopovo.com.br/rodrigo-constantino/juiza-indicada-por-trump-cala-feministas/. Acesso em: 27 jun. 2021.

CONSTANTINO, Rodrigo. O feminismo é a porta de entrada para o socialismo: o caso dos salários no futebol. **Gazeta do Povo**, 11 jul. 2019. Disponível em: https://www.gazetadopovo.com.br/rodrigo-constantino/artigos/o-feminismo-e-porta-de-entrada-para-o-socialismo-o-caso-dos-salarios-no-futebol/. Acesso em: 27 jun. 2021.

CONSTANTINO, Rodrigo. O instinto feminista é atirar primeiro e perguntar depois. **Gazeta do Povo**, 10 ago. 2016. Disponível em: https://www.gazetadopovo.com.br/rodrigo-constantino/artigos/o-instinto-feminista-e-atirar-primeiro-e-perguntar-depois/. Acesso em: 27 jun. 2021.

CONSTANTINO, Rodrigo. Os novos trombones da direita. **Rodrigo Constantino**, 20 abr. 2012. Disponível em: http://rodrigoconstantino.blogspot.com/2012/04/os-novos-trombones-da-direita.html. Acesso em: 27 jun. 2021.

CONSTANTINO, Rodrigo. O socialismo venceu por meio do feminismo. **Gazeta do Povo**, 1 ago. 2017. Disponível em: https://www.gazetadopovo.com.br/rodrigo-constantino/artigos/o-socialismo-venceu-por-meio-feminismo/. Acesso em: 27 jun. 2021.

MARTINS, Paulo. E que fique claro, o @Rconstantino não é um apologista do estupro. [...]. Twitter: @PauloMartins10, 4 de novembro de 2020. Disponível em: https://twitter.com/PauloMartins10/status/1324143797249466371?s=20. Acesso em 27 jun. 2021.

MARTINS, Rafael Moro. Como a Gazeta do Povo, do Paraná, deu uma guinada à direita e virou porta-voz do Brasil de Bolsonaro. **The Intercept Brasil**, 10 dez. 2018. Disponível em: https://theintercept.com/2018/12/09/gazeta-do-povo-guinada-direita-bolsonaro/. Acesso em: 27 jun. 2021.

MARTINS, Rafael Moro. Gazeta do Povo contraria funcionários e valores que diz defender para manter Rodrigo Constantino. **The Intercept Brasil**, 6 nov. 2020. Disponível em: https://theintercept.com/2020/11/06/carta-funcionarios-gazeta-do-povo-rodrigo-constantino/. Acesso em: 27 jun. 2021.

LOESTER TRUTIS, O DEPUTADO DA BANCADA DA BALA QUE FORJOU O PRÓPRIO ATENTADO

FEVEREIRO DE 2021

O MAIOR LOBISTA PRÓ-ARMAS DE BOLSONARO SÓ NÃO ESTÁ PRESO GRAÇAS AO PACOTE QUE SERGIO MORO CHAMAVA DE ANTICRIME

O DEPUTADO BOLSONARISTA Loester Trutis relata ter sofrido uma emboscada em fevereiro de 2020. Ele e seu assessor estariam na rodovia BR-060, entre Sidrolândia e Campo Grande, em Mato Grosso do Sul, quando o motorista de uma caminhonete emparelhou com o seu carro e disparou uma rajada de tiros de carabina. Por milagre, nenhum dos tiros atingiu o deputado e seu assessor, que dirigia o carro, segundo ele mesmo contou. Trutis disse que reagiu valentemente com tiros, colocando os criminosos para correr. Orgulhoso do seu heroísmo, escreveu no Facebook ao lado de uma foto do seu carro alvejado: “Graças a Deus pude revidar e aguardar a chegada da polícia. Quem achou que eu ia parar ou me calar, digo que estamos apenas começando e sigo trabalhando”.

Ele contou para a Polícia Federal que suspeitava que os criminosos fossem traficantes de drogas e cigarros insatisfeitos com sua atuação parlamentar implacável contra a bandidagem. Realmente seria um ato heroico, digno de Hollywood, se não fosse mais uma mentira escabrosa dita por um político bolsonarista. Sim, Loester Trutis forjou o atentado. Pelo menos foi isso o que a Polícia Federal e o Ministério Público Federal concluíram após meses de investigação.

Nenhuma das informações fornecidas pelo deputado batia com o que foi apurado pela PF, o que levou os policiais a desconfiar da história. O GPS do carro indicava localizações completamente diferentes das relatadas por Trutis. Ele também informou o modelo e o final da placa da caminhonete, mas as câmeras de segurança da rodovia não registraram a passagem do veículo. Com os dados fornecidos, a polícia encontrou a única caminhonete que batia com a descrição: era de propriedade de um fazendeiro de 71 anos, velha, com problemas mecânicos que a tornavam inútil para uma perseguição em alta velocidade numa rodovia.

Trutis ainda deu detalhes das armas dos atiradores: "CTT, calibre .40, [...] não se tratava de um fuzil, pois o carregador era retilíneo e não curvo". Mas a perícia indicou que os tiros partiram de uma Glock 9mm de um atirador que estava em pé e parado. O modelo da arma é o mesmo de uma que o deputado gostava de exibir nas redes sociais. O exibicionismo bélico, esse fetiche do bolsonarismo, fez os investigadores ficarem mais desconfiados.

Mas qual seria a motivação de Trutis em simular um atentado? A PF e o MPF concluíram que ele queria faturar politicamente em cima do caso. O MPF apontou que o deputado seguiu postando detalhes sobre o atentado durante muito tempo, "sempre associando os fatos a uma disputa política no Mato Grosso do Sul e exaltando o fato de que estava armado". A conclusão das autoridades faz todo sentido, já que a principal pauta de Trutis na política é justamente a flexibilização do Estatuto do Desarmamento.

Em sua casa foi encontrado um arsenal de armas: a pistola Glock que ele adorava exibir na internet, um fuzil, um revólver calibre .357 e muita munição. Além de estarem em nome de laranjas, essas armas são ilegais, pois são de uso restrito. Outro agravante: o deputado estava impedido de ter armas em seu nome porque a lei exige uma ficha criminal limpa, o que definitivamente não é o seu caso. Trutis tem antecedentes criminais, que vão da violência doméstica à tentativa de estupro.

O machão foi preso em flagrante, mas ficou apenas um dia na cadeia. A ministra Rosa Weber determinou a soltura imediata do parlamentar com base numa mudança feita pelo pacote anticrime de Sergio Moro. A Lei 13.965, aprovada no Congresso com o voto favorável de Trutis, mudou a pena para o flagrante de posse de arma de uso restrito, que deixou de ser um crime inafiançável. Um sujeito como Trutis pode desfrutar da liberdade graças às medidas de Moro e Bolsonaro. É irônico que o pacote seja chamado de anticrime.

Loester Trutis é um legítimo representante do jeito novo de fazer política consagrado pelo bolsonarismo. Antes de se candidatar pela primeira vez, em 2018, e ser eleito na onda reacionária que tomou conta do país, Trutis era um cidadão comum, proprietário de uma lanchonete e militante reacionário na internet. Atacava comunistas e xingava jornalistas, a quem costuma chamar de "maconheiros". Ficou famoso nas redes sociais por vender em sua lanchonete o Bolso Burger, The Trump Burger e o Geisel Burger, uma homenagem aos extremistas de direita.

Durante a eleição, apresentou-se como um cidadão de bem que luta em defesa da família e pelo direito de andar armado. O seu jingle de campanha era uma paródia da música tema do filme *Tropa de Elite:* "Chegou o Tio Trutis, osso duro de roer. Malandro e maconheiro ele vai mandar prender". A letra da música também exaltava a Polícia Federal, a mesma que hoje ele acusa de manipular as investigações do seu atentado falso.

Apesar de neófito na política, o deputado é da linha de frente da bancada da bala. "Tio Trutis", como é conhecido, é o idealizador da segunda bancada da bala, criada para defender a facilitação da compra, da posse e do porte de armas de fogo. Inclusive, ele usou o fato de presidir a bancada para justificar seu arsenal de armas ilegais: "Sim, foram encontradas várias armas na minha casa, pois sou o presidente da Frente Parlamentar Armamentista, presidente do Instituto Brasileiro da Cultura Armamentista. Porra, vocês queriam que achassem o que na minha casa?".

A Frente Parlamentar Armamentista nasceu da iniciativa de Trutis, que logo no começo do mandato recolheu assinaturas para a sua criação. O lobby para a indústria de armas é descarado. Trutis e outros quatro deputados do PSL, integrantes da nova frente, foram até o Rio Grande do Sul para visitar a fábrica da Taurus, líder do mercado nacional. A empresa fabrica mais de 1 milhão de pistolas, fuzis, submetralhadoras e revólveres por ano. A viagem dos deputados foi bancada pela Associação Nacional da Indústria de Armas e Munições (Aniam), da qual a Taurus é filiada.

Graças à desfiguração do Estatuto do Desarmamento, resultado desse lobby bolsonarista, nunca circularam tantas armas no país. Durante o governo Bolsonaro, a importação de revólveres e pistolas é maior que nos governos Lula, Dilma e Temer somados. Em dois anos, foram importadas mais armas do que nos 16 anos anteriores. Em 2020, houve uma alta de importação de 94% em relação ao ano anterior. A explosão do registro de novas armas no último ano aconteceu em meio à alta no número de homicídios.

Negar a relação do aumento de homicídios com o aumento de pessoas armadas é negar a ciência. Estudos do Mapa da Violência calculam que o Estatuto do Desarmamento foi responsável por salvar mais de 160 mil vidas entre 2003 e 2015. A relação direta entre o aumento do número de armas e o de homicídios não está em debate entre os especialistas. Trata-se de um consenso científico. O esquartejamento do estatuto, sustentado pela falsa ideia de que cidadãos armados estão mais protegidos, favoreceu a criminalidade. Dados revelam que entre 30% e 40% das armas apreendidas pela polícia com criminosos foram compradas legalmente por pessoas não envolvidas em crimes. As milícias agradecem. Afirmar que há mais segurança com cidadãos mais armados é mais um negacionismo assassino — algo que a pandemia mostrou ser um traço fundamental do bolsonarismo.

Durante a campanha para a presidência da Câmara em 2020, o deputado federal Arthur Lira foi a Campo Grande para costurar apoios com a bancada sul mato-grossense. Entre os deputados presentes estava Trutis, que, apesar de parte do seu partido ter orientado o voto em Baleia Rossi, se rebelou para atender um “pedido do Planalto”. Na verdade, ter aderido ao bloco vencedor pode ajudá-lo a garantir a manutenção do mandato em um provável processo no Conselho de Ética por conta do falso atentado.

Loester Trutis personifica o bolsonarismo na sua mais pura essência. É um negacionista sem freio, capaz de simular um atentado apenas para conquistar dividendos políticos e eleitorais. As mamadeiras de piroca fabricadas durante a campanha são brincadeira de criança perto do que o fetiche bélico bolsonarista pode fabricar. A bancada da bala nunca esteve tão poderosa e vem crescendo com base em falácias rejeitadas por todos os especialistas em segurança pública. As mentiras do bolsonarismo seguem matando.

REFERÊNCIAS

ALESSI, Gil. Estatuto do Desarmamento salvou 160.000 vidas, calcula estudo. **El País**, 13 de maio de 2015. Disponível em: https://brasil.elpais.com/brasil/2015/05/13/politica/1431545595_563619.html. Acesso em: 29 jun. 2021.

ALESSI, Gil. Registro de novas armas no Brasil explode em 2020 em meio à alta de homicídios. **El País**, 27 jul. 2020. Disponível em: https://brasil.elpais.com/brasil/2020-07-27/numero-de-novas-armas-registradas-no-brasil-explode-em-2020-em-meio-a-alta-de-homicidios.html. Acesso em: 29 jun. 2021.

BANALIZAÇÃO do mal? Lanchonete cria 'Geisel Burger' após revelações da CIA. **Boletim da Liberdade**, 17 maio 2018. Disponível em: https://www.boletimdaliberdade.com.br/2018/05/17/banalizacao-do-mal-lanchonete-cria-geisel-burger-apos-revelacoes-da-cia/. Acesso em: 29 jun. 2021.

BREJANO, Caio. Deputado preso com fuzil é solto por decisão de Rosa Weber, do STF. **O Globo**, 13 nov. 2020. Disponível em: https://oglobo.globo.com/brasil/deputado-preso-com-fuzil-solto-por-decisao-de-rosa-weber-do-stf-1-24744034. Acesso em: 29 jun. 2021.

FERNANDES, Adriano. "Trutis" apela por voto a candidato acusado de ajudar a forjar ataque em rodovia. **Campo Grande News**, 14 nov. 2020. Disponível em: https://www.campograndenews.com.br/politica/trutis--apela-por-voto-a-candidato-acusado-de-ajudar-a-forjar-ataque-em-rodovia. Acesso em: 29 jun. 2021.

FERREIRA, Marta. Violência doméstica e tentativa de estupro vetam arma a "Trutis". **Campo Grande News**, 15 nov. 2020. Disponível em: campograndenews.com.br/capivara-criminal/violencia-domestica-e-tentativa-de-estupro-vetam-arma-a-trutis. Acesso em: 29 jun. 2021.

FRENTE Parlamentar Armamentista. **Câmara dos Deputados**. Disponível em: https://www.camara.leg.br/internet/deputado/frenteDetalhe.asp?id=54004. Acesso em: 29 jun. 2021.

GODOY, João Pedro. Perícia aponta que deputado federal Loester Trutis não era perseguido e forjou atentado em estrada vicinal. **G1**, 13 nov. 2020. Disponível em: https://g1.globo.com/ms/mato-grosso-do-sul/noticia/2020/11/13/pericia-aponta-que-deputado-federal-loester-trutis-nao-era-perseguido-e-forjou-atentado-em-estrada-vicinal.ghtml. Acesso em: 29 jun. 2021.

INDÚSTRIA de armas banca visitas de deputados do PSL à fábrica da Taurus. **Congresso em Foco**, 27 set. 2019. Disponível em: https://congressoemfoco.uol.com.br/seguranca-publica/industria-das-armas-banca-visita--de-deputados-do-psl-a-fabrica-da-taurus/. Acesso em: 29 jun. 2021.

JINGLE Tio Trutis (PSL) — Deputado Federal MS 2018 — Paródia Tropa de Elite. YouTube: Arquivo Eleitoral, 29 out. 2018. Disponível em: https://www.youtube.com/watch?v=yQ8YAOV2_VM. Acesso em: 29 jun. 2021.

LIMA, Rafaela. Importação de revólveres e pistolas no governo Bolsonaro é maior do que nos de Lula, Dilma e Temer somados. **Metrópoles**, 8 fev. 2021. Disponível em: https://www.metropoles.com/brasil/importacao--de-revolveres-e-pistolas-no-governo-bolsonaro-e-maior-do-que-nos--de-lula-dilma-e-temer-somados. Acesso em: 29 jun. 2021.

MOREL, Lucia. Pistola de "atentado fake" é a mesma "ostentada" por Tio Trutis em redes sociais. **Campo Grande News,** 13 nov. 2021. Disponível em: https://www.campograndenews.com.br/politica/pistola-de-atentado-fake-e-a-mesma-ostentada-por-tio-trutis-em-redes-sociais. Acesso em: 29 jun. 2021.

SILVA, Clodoaldo. Trutis e Ovando vão "trair" PSL na sucessão; Fábio Trad está indeciso. **Correio do Estado,** 11 jan. 2021. Disponível em: https://correiodoestado.com.br/politica/trutis-e-ovando-vao-%E2%80%9Ctrair%E2%80%9D-psl-fabio-trad-esta-indeciso/381296. Acesso em: 29 jun. 2021.

VALENTE, Rubens. GPS e perícia contradizem deputado do PSL que se disse vítima de atentado. **UOL,** 13 nov. 2020. Disponível em: https://noticias.uol.com.br/colunas/rubens-valente/2020/11/13/deputado-federal-policia-investiga-atentado-fake.htm. Acesso em: 29 jun. 2021.

ZURUTUZA, Anahi. Trutis justifica armas, mas se cala sobre farsa. **Campo Grande News,** 13 nov. 2020. Disponível em: https://www.campograndenews.com.br/brasil/cidades/trutis-justifica-armas-mas-se-cala-sobre-farsa. Acesso em: 29 jun. 2021.

CPI DA COVID: IRMÃOS MIRANDA COLOCAM GOVERNO NA BERLINDA

JUNHO DE 2021

OS FATOS APRESENTADOS PELA DUPLA SÃO REAIS. LUIS, DEPUTADO DO DEM, TEM POTENCIAL PARA SER O PEDRO COLLOR DE BOLSONARO

O TEMPERAMENTO MANSO de Marcelo Queiroga deu lugar às grosserias típicas de Bolsonaro ao ser questionado por jornalistas. "Eu falei em que idioma? Eu falei em português. Não foi comprada uma dose sequer da vacina Covaxin", garantiu o ministro na última quarta-feira. Mas era mentira. No site do Ministério da Saúde, a compra dos imunizantes indianos consta na contagem oficial de mais de 660 milhões de doses adquiridas pelo governo brasileiro. O próprio ministério informou ao Congresso sobre a compra de doses da Covaxin há pelo menos um mês.

O pedido de importação foi feito, mas o pagamento não chegou a ser efetuado porque havia uma pedra no meio do caminho. O servidor concursado do Ministério da Saúde Luis Ricardo Miranda, responsável pela área de importação da pasta, se recusou a assinar um recibo que previa o pagamento antecipado pela importação. O valor altíssimo do contrato, o pagamento por antecipação para uma empresa sediada em um paraíso fiscal e as pressões que recebeu para autorizar a compra o levaram a suspeitar de corrupção e reportar os fatos ao Ministério Público Federal e ao presidente da República.

Apesar de ter entrado no Ministério da Saúde antes da gestão Bolsonaro, Luis Ricardo é um bolsonarista legítimo e irmão do deputado bolsonarista Luis Miranda, do Democratas, um velho conhecido deste colunista. Fiéis ao bolsonarismo, o parlamentar e o servidor se encontraram pessoalmente com Jair Bolsonaro para alertá-lo sobre as graves suspeitas que poderiam prejudicar a imagem do governo. O presidente prometeu aos dois que encaminharia o caso à Polícia Federal. O problema é que não há nada que prove que ele tenha feito isso, muito pelo contrário. Tudo indica que não fez. O ex-diretor-geral da PF afirmou não se lembrar de qualquer pedido do presidente nesse sentido. Até agora não há nada que comprove que o órgão foi acionado por Bolsonaro, o que pode indicar haver crime de prevaricação.

Para piorar a situação, o próprio presidente esteve diretamente envolvido nessa operação obscura, tendo trocado mensagens e telefonado ao primeiro-ministro da Índia — algo que ele não fez em relação à aquisição de outras vacinas, segundo informou o relator Renan Calheiros. O candidato que se elegeu prometendo acabar com a corrupção nada fez diante de um caso de corrupção bem debaixo do seu nariz. Durante a pandemia, Bolsonaro insinuou em vários momentos que governadores e prefeitos desviavam verbas da Saúde. Quando se viu diante de um relato de corrupção, fingiu que não viu.

A reação agressiva e atabalhoada do Planalto às acusações foi uma assinada de recibo daquelas. O secretário-geral da presidência, Onyx Lorenzoni, anunciou o início de uma caçada investigativa contra os denunciantes do esquema. Usar o poder para perseguir quem denuncia o bolsonarismo já virou um clichê do governo. Como nos esquecer do servidor do Ibama que perdeu o emprego depois de multar Bolsonaro durante uma pesca irregular? Coagir, ameaçar e perseguir não são práticas comuns de governos democráticos, mas dos milicianos com os quais a família Bolsonaro conviveu amistosamente nas últimas décadas.

O governo insiste no fato de que a compra não foi concluída, o que o absolveria do caso. Mas não é assim que funcionam as leis. Para se configurar crime de corrupção passiva, basta que haja a intenção. E, ao contrário das denúncias dos irmãos Miranda, nada do que o governo tem falado é sustentado pelos fatos.

O caso entrou no radar da CPI da Covid, que ouviu os irmãos Miranda na última sexta-feira, 25 de junho. Lá eles confirmaram as suspeitas de corrupção e apresentaram provas documentais de tudo o que falaram. Ficou comprovado que o governo brasileiro topou pagar um ágio de 1.000% pelas vacinas em relação ao preço estipulado pelo próprio laboratório Bharat Biotech seis meses antes. Diferentemente da compra de todas as outras vacinas, a da Covaxin precisou de um intermediário, a Precisa Medicamentos, uma empresa investigada por suspeitas de corrupção em outras operações de venda de remédios. Foi com uma firma com esse histórico que o governo Bolsonaro tinha pressa em fechar a compra das vacinas.

O servidor relatou ter sido pressionado pelo alto escalão da pasta para assinar uma licença de importação das vacinas que autorizaria um pagamento antecipado de 45 milhões de dólares. O pagamento deveria ser feito para uma outra empresa, a Madison Biotech, que, segundo uma avaliação prévia dos senadores da CPI, trata-se de uma empresa de fachada sediada em Singapura, um paraíso fiscal.

Com auxílio de repórteres daquele país, o Intercept esteve no endereço dessa empresa e conversou com a responsável pelo escritório. Do lado de fora do prédio, não existe nada que indique ser um endereço pertencente à Madison Biotech. Uma mulher que chegou ao local disse não ser a dona da empresa, mas apenas uma "prestadora de serviços". Ela confirmou o que os senadores da CPI já suspeitavam: a empresa não funciona no endereço, e tudo indica ser de fachada.

Soma-se a todas essas suspeitas o fato da Covaxin ser a menos eficaz e a mais cara das vacinas disponíveis do mundo. Enquanto o governo boicotava todas as vacinas das outras marcas, estranhamente se empenhava em trazer a indiana. A principal justificativa do governo para a demora na compra das vacinas era o fato delas ainda não terem sido aprovadas pela Anvisa. A Covaxin também não tinha sido aprovada, mas mesmo assim o governo demonstrou pressa em importá-la.

Quanto mais se puxa o fio dessa história, mais as digitais da família Bolsonaro e dos militares aparecem nela. Segundo a revista Veja, Flávio Bolsonaro abriu as portas do BNDES para Francisco Maximiano, o dono da Precisa. Maximiano também tem um histórico complicado. Recentemente ele esteve internado no Sírio Libanês, mas foi embora sem pagar, dando um calote de R$ 90 mil, segundo o hospital.

A última sexta-feira foi o dia mais frutífero para a CPI e deu novos rumos às investigações. O desespero dos senadores governistas na sessão mostrou que o bolsonarismo sentiu o golpe. O deputado Luis Miranda disse aos senadores que, segundo o presidente, o "rolo" era coisa de um deputado. Temendo represálias, ele disse não se lembrar do nome. Depois de muito pressionado, Miranda cedeu e entregou o nome: Ricardo Barros, do Progressistas do Paraná, o líder do governo na Câmara, um daqueles políticos sempre dispostos a bajular o governo da vez. Um pouco antes, o servidor Luis Ricardo Miranda já havia informado o nome da funcionária que autorizou o pagamento da fatura: Regina Celia Silva Oliveira. Ela foi nomeada por Ricardo Barros em 2018, quando ele ocupava o cargo de ministro da Saúde. As peças vão se encaixando.

É irônico assistir ao governo que prometeu acabar com a corrupção atacando os próprios aliados que denunciam a... corrupção. Luis Miranda não é uma pessoa confiável, mas os fatos apresentados por ele e seu irmão até aqui foram todos comprovados. A tese deles está fartamente documentada, enquanto a de Bolsonaro não é suportada nem por algum mísero indício.

Luis Miranda parece ter gostado de encarnar esse personagem de bolsonarista justiceiro que não teme denunciar aliados para salvar o Brasil da corrupção. Ele tem dado longas entrevistas, diz não ter medo das ameaças do governo e apareceu para depor na CPI vestindo um colete à prova de balas e com uma Bíblia na mão. É um personagem que tem tudo para ser o Pedro Collor de Bolsonaro. O senador tucano Tasso Jereissati afirmou que o caso tem potencial para o impedimento do presidente. O governo tem uma grande base de apoiadores, não será uma tarefa fácil. Mas os governistas nunca estiveram tão acuados como agora. O impeachment ainda é uma possibilidade remota, mas foi colocada em cima da mesa.

REFERÊNCIAS

AFFONSO, Julia. Ministério da Saúde informou ao Congresso compra da Covaxin. **Estadão**, 24 jun. 2021. Disponível em: https://politica.estadao.com.br/noticias/geral,ministerio-da-saude-informou-ao-congresso-compra-de-covaxin,70003756910?utm_source=estadao:twitter&utm_medium=link. Acesso em: 29 jun. 2021.

COVAXIN: 'Presidente da República estava diretamente envolvido na operação', diz Renan. **Rede Brasil Atual**, 23 jun. 2021. Disponível em: https://www.redebrasilatual.com.br/politica/2021/06/covaxin-presidente-da-republica-diretamente-envolvido/. Acesso em: 29 jun. 2021.

DE SANTI, Alexandre; DRABLE, Luiza; DE LARA, Bruna. Vídeo: nós batemos na porta da empresa de Singapura que pediu US$ 45 milhões adiantados pela compra da Covaxin. **The Intercept Brasil**, 25 jun. 2021. Disponível em: https://theintercept.com/2021/06/25/madison-empresa-singapura-milhoes-covaxin/. Acesso em: 29 jun. 2021.

EMPRESÁRIO envolvido na Covaxin é processado por calote de R$ 90 mil em hospital. **IG Economia**, 25 jun. 2021. Disponível em: https://economia.ig.com.br/2021-06-25/covaxin-bolsonaro-divida.html. Acesso em: 29 jun. 2021.

FILHO, João. Calotes, mentiras e ameaças: conheça Luis Miranda, o youtuber eleito deputado federal pelo DEM. **The Intercept Brasil**, 20 jan. 2019. Disponível em: https://theintercept.com/2019/01/20/calotes-mentiras-ameacas-luis-miranda-deputado/. Acesso em: 29 jun. 2021.

MAZUI, Guilherme. Queiroga se irrita com pergunta sobre Covaxin. **G1**, 23 jun. 2021. Disponível em: https://g1.globo.com/politica/noticia/2021/06/23/queiroga-se-irrita-com-pergunta-sobre-compra-da-covaxin-eu-falei-em-que-idioma.ghtml. Acesso em: 29 jun. 2021.

OLLIVEIRA, Cecilia. As ligações de Bolsonaro com as milícias. **The Intercept Brasil**, 22 jan. 2019. Disponível em: https://theintercept.com/2019/01/22/bolsonaros-milicias/. Acesso em: 29 jun. 2021.

PRAZERES, Leandro. Ex-diretor da PF diz não se lembrar se Bolsonaro pediu investigação sobre a Covaxin. **O Globo**, 23 jun. 2021. Disponível em: https://oglobo.globo.com/brasil/ex-diretor-da-pf-diz-nao-se-lembrar-se-bolsonaro-pediu-investigacao-sobre-covaxin-pf-diz-nao-comentar-casos-25073576. Acesso em: 29 jun. 2021.

SATACCIARINI, Isa. Entenda: em 1992 denúncias derrubaram o presidente Fernando Collor. **Correio Braziliense**, 3 dez. 2015. Disponível em: https://www.correiobraziliense.com.br/app/noticia/politica/2015/12/03/interna_politica,509077/entenda-em-1992-denuncias-derrubaram-o-presidente-fernando-collor.shtml. Acesso em: 29 jun. 2021.

SERVIDOR do Ibama que multou Bolsonaro por pesca irregular é exonerado. **G1**, 29 mar. 2019. Disponível em: https://g1.globo.com/natureza/noticia/2019/03/29/ibama-exonera-servidor-que-multou-bolsonaro-por-pesca-irregular.ghtml. Acesso em: 29 jun. 2021.

TEÓFILO, Sarah; LIMA, Bruna. CPI da Covid: "Não sou esse parlamentar citado", diz Ricardo Barros. **Correio Braziliense**, 25 jun. 2021. Disponível em: https://www.correiobraziliense.com.br/politica/2021/06/4933816-cpi-da-covid-nao-sou-esse-parlamentar-citado-diz-ricardo-barros.html. Acesso em: 29 jun. 2021.

TRAUMANN, Thomas. Siga o dinheiro. **Veja**, 26 jun. 2021. Disponível em: https://veja.abril.com.br/blog/thomas-traumann/siga-o-dinheiro-2/. Acesso em: 29 jun. 2021.

VACINAÇÃO. Site do Ministério da Saúde. Disponível em: https://www.gov.br/saude/pt-br/vacinacao. Acesso em: 29 jun. 2021.

VIEIRA, Lara. Tasso diz acreditar em impeachment de Bolsonaro se corrupção na compra da Covaxin for provada. **O Povo**, 26 jun. 2021. Disponível em: https://www.opovo.com.br/noticias/politica/2021/06/26/tasso-diz-acreditar-em-impeachment-de-bolsonaro-se-corrupcao-na-compra-da-covaxin-for-provada.html. Acesso em: 29 jun. 2021.

INÉDITO

ALEXANDRE GARCIA, O LAMBE-BOTAS DE MILITARES

DEPOIS DE 30 ANOS NA GLOBO, O JORNALISTA SE TORNOU UMA DAS PRINCIPAIS VOZES DISSEMINADORAS DE MENTIRAS SOBRE A PANDEMIA NA CNN BRASILEIRA

"EU NÃO SOU porta-voz de ninguém", disse Alexandre Garcia em entrevista, em janeiro de 2019, para a revista IstoÉ, recusando a pecha de ser um pau-mandado do atual presidente da República. Há 40 anos, o jornalista havia sido o porta-voz oficial da ditadura militar, comandada pelo general João Batista Figueiredo. Mas Garcia acabaria saindo do regime pela porta dos fundos.

Foi demitido depois que deu uma entrevista para a revista masculina Ele & Ela, cuja chamada era "O porta-voz da abertura". Nela, o jornalista, então com 40 anos, aparecia deitadão, todo faceiro, vestindo apenas uma cueca. A cama em que estava deitado, segundo ele, era o lugar onde "abatia suas lebres". Garcia foi, então, cuspido por ter chocado a base de apoio do regime, a tradicional família brasileira.

Depois disso, ingressou na antiga TV Manchete, onde foi correspondente internacional em diversos países. No final dos anos 1980, foi contratado pela Rede Globo. Mais recentemente, em 2016, na rádio Metrópole, ele disse o seguinte sobre o falecimento de Carlos Alberto Torres: "Um último registro: a morte do capitão do Tri no México, Carlos Alberto. Foi a melhor equipe que o Brasil já teve e marcou o início do entusiasmo que empurrou o Brasil para três anos de crescimento médio de 11,2% ao ano — crescimento chinês —, com o entusiasmo de todos. Inclusive eu, estudante na época, como todo mundo, tinha no carro o plástico 'ame-o ou deixe-o', que era um recado para os terroristas, entre os quais estava a Dona Dilma".

Em poucas palavras, praticamente completou a cartela do bingo dos filhotes da ditadura: citou com saudosismo o lema autoritário criado pelos militares, exaltou a condução da política econômica do período e classificou como "terrorista" quem pegou em armas para lutar contra o regime assassino. A emissora de Roberto Marinho pediu desculpas pelo vergonhoso apoio à ditadura militar, mas o seu então contratado, Alexandre Garcia, seguiu atuando como porta-voz desse passado obscuro durante o período democrático.

Depois de 30 anos trabalhando para a Globo, Garcia decidiu sair da empresa. Coincidência ou não, a saída se deu logo após a vitória de Bolsonaro, que ganhou a eleição acusando a emissora de ser uma de suas principais inimigas. O jornalista foi convidado para a cerimônia de posse do novo governo no Itamaraty, onde confraternizou sorridentemente com Bolsonaro, seus filhos e os novos ministros. A partir dali, passou a engrossar as fileiras do parajornalismo bolsonarista ao lado de Leda Nagle, Lacombe, Oswaldo Eustáquio, Allan dos Santos e outras figuras bizarras que emergiram junto com a recente ascensão da extrema direita. Nada mais natural para quem foi porta-voz oficial da ditadura se tornar um porta-voz informal de uma corrente política que ascendeu exaltando torturadores do regime. Pode-se acusá-lo de tudo, menos de ter uma trajetória incoerente.

Durante o período na Globo, Garcia acumulou certo prestígio no jornalismo *mainstream*. Isso não foi capaz de camuflar o seu lado bolsominion-tiozão-de-churrasco que repete que "na ditadura tudo era melhor".

Mas revela como esse tipo de reacionário contou com a tolerância dos patrões do jornalismo brasileiro.

Em 2020, nasceu a CNN Brasil. O CEO da nova empresa, Douglas Tavolaro, foi vice-presidente da TV Record por 14 anos. Não só isso. Tavolaro é coautor de uma biografia do bispo bolsonarista Edir Macedo, do qual é sobrinho. Alexandre Garcia foi um dos primeiros contratados da CNN e ganhou um espaço nobre na programação, ficando livre para dar opiniões alinhadas à agenda da extrema direita governista. Se antes o conteúdo jornalístico produzido pelo bolsonarismo ficava na escuridão do WhatsApp, agora ele passou a ganhar verniz de credibilidade de uma emissora que é reconhecida internacionalmente por fazer jornalismo sério. Bispo Macedo e Bolsonaro agradecem.

Não é possível classificar o jornalismo praticado pela CNN de bolsonarista. É preciso dizer que há muitos profissionais sérios fazendo um bom trabalho na emissora. Mas o fato é que Garcia foi recebido com tapete vermelho pela direção, que lhe deu a possibilidade de dar opiniões diárias sobre política no quadro "Liberdade de Opinião". E trata-se de uma liberdade ampla, geral e irrestrita mesmo. Garcia se sente tão livre que defende absolutamente todas as teses bolsonaristas, incluindo as que atentam contra a saúde pública durante uma pandemia. Enquanto vários jornalistas da CNN trabalham para desmentir as mentiras do bolsonarismo, Garcia aparece diariamente para corroborar todos os delírios produzidos pelo Planalto.

Na grande imprensa, Alexandre Garcia é uma das principais vozes disseminadoras de mentiras sobre a pandemia. Ele já se colocou contra todas as principais medidas recomendadas pelos órgãos internacionais para enfrentar o vírus, como se isso fosse uma questão de "liberdade de opinião". Criticou o lockdown, se posicionou contra o isolamento horizontal e defendeu a tese da imunização de rebanho e o tratamento precoce com remédios ineficazes. Todas as teses negacionistas antes restritas aos grupos bolsonaristas de WhatsApp ganharam respaldo jornalístico da CNN pela boca de Garcia.

Quando o ex-ministro da Saúde Eduardo Pazuello foi ouvido pelos senadores da CPI da Covid, Garcia estava lá na CNN para passar pano para as mentiras em série contadas pelo general da ativa e blindar o presidente de qualquer responsabilidade pela tragédia sanitária. Dias depois do depoimento, quando teve que explicar porque foi flagrado sem máscara em um shopping, o general foi a uma manifestação no Rio de Janeiro em apoio a Bolsonaro. Sem usar máscara, Pazuello e o presidente desrespeitaram todas as normas de isolamento da prefeitura e do estado do Rio de Janeiro, o que acabou causando constrangimento até mesmo entre o comando do Exército brasileiro. Mas Alexandre Garcia, vejam só, usou o microfone da CNN para exaltar a participação do general nessa mega aglomeração promovida por Bolsonaro:

> Levei uma surpresa quando vi as imagens do general Pazuello chegando na Barra da Tijuca. Ele virou popular depois do depoimento da CPI. As pessoas queriam tocar nele, e gritando o nome dele, gritando palavras de ordem, chamaram ele de mito. Foi o resultado do desempenho dele na CPI, que deixou os senadores gaguejando e tremendo. Então, foi para ele uma espécie de promoção esse depoimento da CPI.

Esse sabujismo explícito não é um episódio isolado, mas é recorrente no trabalho do jornalista. A coisa era tão ostensiva que Garcia chegou a reproduzir ao vivo na CNN um tuíte de agradecimento a Bolsonaro feito por uma das médicas cotadas para assumir o Ministério da Saúde. Acontece que a conta da médica era falsa. A ânsia em agradar seus "mitos" foi tanta que o jornalista nem se deu ao trabalho de fazer uma apuração jornalística básica. E teve que ser constrangedoramente corrigido por um colega ao vivo.

Temendo ser responsabilizado pelas investigações da CPI da Covid, o jornalista passou a deletar todos os vídeos com conteúdo negacionista que publicou em seu canal no YouTube durante a pandemia. Foi a maneira que ele encontrou para tentar ocultar possíveis crimes contra a saúde pública. A CPI da Covid, iniciada em abril de 2021, solicitou à Google, empresa responsável pelo YouTube, uma lista com os vídeos de conteúdo negacionista que foram deletados pelos usuários ou removidos pela plataforma. Quem encabeça a lista é Alexandre Garcia, com 126 vídeos retirados do ar.

Antes de serem apagados, esses vídeos já haviam rendido quase R$ 70 mil. As mentiras que matam compensaram financeiramente.

Apesar de rejeitar o rótulo, está evidente que o destino de Alexandre Garcia é ser porta-voz do autoritarismo no Brasil, não importa a época. De Figueiredo a Bolsonaro, de "Brasil, ame-o ou deixe-o" a "Brasil acima de tudo, Deus acima de todos", muita coisa mudou, mas Garcia, não. O seu talento para lamber as botas dos milicos é atemporal.

REFERÊNCIAS

ALEXANDRE Garcia: CPI da Pandemia foi uma espécie de 'promoção' para Pazuello. **CNN Brasil**, 24 maio 2021. Disponível em: https://www.cnnbrasil.com.br/politica/2021/05/24/alexandre-garcia-cpi-da-pandemia-foi-uma-especie-de-promocao-para-pazuello. Acesso em: 1 jul. 2021.

APOIO editorial ao golpe de 64 foi um erro. **O Globo**, 31 ago. 2013. Disponível em: https://oglobo.globo.com/brasil/apoio-editorial-ao-golpe-de-64-foi-um-erro-9771604. Acesso em: 1 jul. 2021.

COMENTÁRIO de Alexandre Garcia. **Metrópole**, 26 out. 2016. Disponível em: https://soundcloud.com/grupometropole/26-10-16-comentario-alexandre-garcia. Acesso em: 1 jul. 2021.

CARVALHO, Paulo. Alexandre Garcia lê tuíte falso em rede nacional e é repreendido pela CNN Brasil. **RD1**, 16 mar. 2021. Disponível em: https://rd1.com.br/alexandre-garcia-le-tuite-falso-em-rede-nacional-e-e-repreendido-pela-cnn-brasil/. Acesso em: 1 jul. 2021.

DE CASTRO, Thell. Em 1988, Alexandre Garcia deixou Manchete após nudez excessiva no Carnaval. **Notícias da TV**, 30 dez. 2018. Disponível em: https://noticiasdatv.uol.com.br/noticia/televisao/em-1988-alexandre-garcia-deixou-manchete-apos-nudez-excessiva-no-carnaval-24081. Acesso em: 1 jul. 2021.

OLIVEIRA, Germano. Alexandre Garcia: "Não sou porta-voz de ninguém". **IstoÉ**, 3 jan. 2019. Disponível em: https://istoe.com.br/nao-vou-ser-porta-voz-de-ninguem/. Acesso em: 1 jul. 2021.

PORTINARI, Natália. Canais na internet ganharam dinheiro com fake news sobre Covid, informa Google à CPI. **O Globo**, 11 jun. 2021. Disponível em: https://blogs.oglobo.globo.com/sonar-a-escuta-das-redes/post/canais-na-internet-ganharam-dinheiro-com-fake-news-sobre-covid-informa-google-cpi.html. Acesso em: 1 jul. 2021.

SEM MÁSCARA, Bolsonaro gera aglomeração em protesto no Rio. **Deutsche Welle**, 23 maio 2021. Disponível em: https://www.dw.com/pt-br/sem-máscara-bolsonaro-gera-aglomeração-em-protesto-no-rio/a-57637353. Acesso em: 1 jul. 2021.

INÉDITO

OSWALDO EUSTÁQUIO:

O JORNALISTA DA REDE DE MENTIRAS DE BOLSONARO

COMO O BOLSONARISMO ALAVANCOU PICARETAS PARA DISSEMINAR MENTIRAS CONTRA JORNALISTAS E A FAVOR DE SEUS INTERESSES

EM MEADOS de julho de 2019, recebi uma ligação da minha mãe aos prantos, perguntando se era verdade que eu seria preso. O motivo da preocupação era uma publicação do delegado de polícia e deputado federal bolsonarista Fernando Francischini, que mostrava uma foto grande minha com o seguinte texto: "Toc Toc Toc! Na porta às 06:00h. Contagem regressiva para a visita da Polícia Federal aos criminosos vermelhos! Mão na cabeça!".

Era o auge do bafafá em torno das publicações da Vaza Jato, uma época em que jornalistas do Intercept sofriam forte intimidação da rede de ódio bolsonarista. Apesar de eu ser colunista do site e não ter envolvimento direto com as reportagens da Vaza Jato, a preocupação da minha mãe fazia sentido. Naquele momento, falava-se abertamente no noticiário em prender jornalistas do Intercept pelo crime de... bom jornalismo. O próprio presidente da República chegou a fazer uma ameaça direta a Glenn Greenwald, cofundador do Intercept, dizendo que ele poderia ser preso.

A postagem do delegado Francischini trazia uma reportagem pretensamente investigativa publicada por um pequeno jornal da região metropolitana de Curitiba, o Agora Paraná. A chamada para o texto era assim: "Repórter do Intercept mantém blog no site do PT". Era um texto com informações falsas de cabo a rabo, em que nem as vírgulas eram verdadeiras. Jamais publiquei uma linha sequer no site do PT e não tenho absolutamente nenhuma relação com o partido. Quem assinava a mentira era o jornalista Oswaldo Eustáquio, que naquele momento era desconhecido no debate público, mas que viria a se tornar um dos grandes expoentes da rede de mentiras bolsonarista. Este texto é sobre esse jornalista especializado no ramo da picaretagem e o serviço sujo que ele prestou para a extrema direita.

Eustáquio já tinha o rabo preso com o bolsonarismo nessa época. Sua esposa, a jornalista Sandra Terena, havia sido nomeada para comandar a Secretaria de Políticas de Promoção da Igualdade Racial, que faz parte do Ministério dos Direitos Humanos, chefiado pela ministra terrivelmente evangélica Damares Alves. Terena é uma mulher indígena que também se tornou terrivelmente evangélica.

Depois que sua esposa passou a ganhar R$ 17 mil mensais do governo Bolsonaro, o talento de Eustáquio para a picaretagem passou a interessar o bolsonarismo, que viu nele uma espécie de capanga jornalístico. Desde então, passou a prestar serviços importantes para o governo Bolsonaro na área das fake news.

Impulsionar o coro bolsonarista que criminalizava o jornalismo do Intercept pelas publicações da Vaza Jato foi a sua primeira grande missão. Durante o congresso da Abraji de 2019, Eustáquio seguiu a equipe do Intercept até uma cafeteria e sorrateiramente deixou uma mochila com um gravador ligado numa mesa ao lado. Apenas conversas banais foram gravadas, mas o jornalista as descontextualizou e as vendeu como altamente incriminadoras. Esse prato de carniça serviu aos urubus do bolsonarismo, que trataram de espalhar a sua delinquência jornalística na rede de ódio.

Naquela época, bolsonarismo e lavajatismo ainda caminhavam juntos e viviam uma relação de codependência. O procurador Carlos Fernando do Santos Lima, da Lava Jato, compartilhou a notícia em suas redes, dando credibilidade para o jornalismo de Oswaldo Eustáquio: "Denúncia grave: as conversas da equipe do The Intercept foram registradas pelo jornalista paranaense Oswaldo Eustáquio; ele afirma que os áudios comprovam deturpações nas mensagens da Vaza Jato".

A turma da Lava Jato, acuada pela descoberta de alguns dos seus crimes, surfou no jornalismo de aluguel de Eustáquio para intimidar aqueles que os desvendaram.

Ainda em 2019, Eustáquio acusou Glenn Greenwald de mentir sobre o estado de saúde da sua mãe, acometida por um câncer no cérebro. Glenn queria levar seus filhos crianças aos Estados Unidos para que eles conhecessem a avó. Mas, segundo Eustáquio, Greenwald inventou que ela estava com câncer apenas para acelerar a concessão de vistos aos seus filhos para uma eventual fuga do Brasil, caso fosse incriminado pela Vaza Jato. A mãe de Greenwald morreu em dezembro daquele mesmo ano, após oito anos de luta contra o câncer. O bolsonarista foi obrigado pela Justiça a pagar uma indenização de R$ 15 mil por danos morais pela mentira difamatória — um valor irrisório perto do estrago feito.

Dali em diante, Eustáquio passou a ter papel central na produção de conteúdo distribuído pelas redes bolsonaristas. Conseguiu muitos seguidores, ficou famoso e ganhou status de herói entre os lunáticos da extrema direita.

No início de abril de 2020, um mês crítico da pandemia, o presidente Jair Bolsonaro questionou o então ministro da Saúde sobre um contrato de publicidade do seu ministério. Havia circulado uma notícia falsa de que Mandetta teria renovado contratos de publicidade firmados no governo Dilma no valor de 1 bilhão de reais sem o consentimento da Secom. Era mais uma mentira assinada por Oswaldo Eustáquio. O escândalo fabricado voou entre os bolsonaristas. Segundo levantamento da agência Aos Fatos, foram disparados mais de 530 mil tuítes compartilhando a notícia. Naquela época, o ministro estava com a corda no pescoço e, poucos dias depois, seria demitido. A notícia mentirosa alimentou a ala bolsonarista que defendia a demissão de Mandetta por se posicionar contra o negacionismo do presidente. Percebam o tamanho da influência do picareta dentro do movimento.

Eustáquio é um intervencionista militar. Foi um dos principais agitadores das manifestações golpistas favoráveis ao fechamento do Congresso e do Supremo Tribunal Federal ocorridas em Brasília, que contaram com o apoio do presidente. Eustáquio gostava também de se exibir nas redes com fotos portando revólveres, metralhadoras e lendo a Bíblia — o kit básico do bolsonarista ortodoxo. Por essas ações antidemocráticas, o jornalista passou a ser monitorado pela Operação Lume, um inquérito que apurava a promoção dos atos golpistas. Em junho, o parajornalista anunciou no Twitter que estava numa missão especial no Paraguai: "O nosso núcleo de jornalismo investigativo está no Paraguai e descobriu o segredo do sucesso do país vizinho no combate ao coronavírus [...]. A receita é simples: comércio aberto e combate à desinformação da mídia".

Uma hora depois dessa publicação em defesa do negacionismo, Eustáquio foi preso pela Polícia Federal por determinação do STF. Detalhe: foi preso em território nacional. A missão investigativa no Paraguai, claro, era só mais uma de suas mentiras.

Apesar de dizer no depoimento para a Polícia Federal que recebia R$ 12 mil mensais e que era contratado do Agora Paraná e da rádio paranaense Positivo FM, uma reportagem do Intercept revelou que Eustáquio, para variar, mentiu. Ele nunca fez parte da folha de pagamentos da rádio paranaense, onde ninguém o conhecia. O dono do Agora Paraná também negou que tenha pago pelas reportagens de Oswaldo.

No mês seguinte à sua prisão, o jornalista entrou para o PTB pelas mãos de Roberto Jefferson, aquele mesmo, o famoso picareta condenado no escândalo do Mensalão. Os dois passaram a aparecer juntos em *lives* nas redes sociais defendendo o governo Bolsonaro e seu negacionismo assassino. Atuaram juntos também no lobby do intervencionismo militar. No ano seguinte, o PTB revelaria a intenção de lançar Oswaldo Eustáquio como candidato ao Senado pelo Paraná em 2022.

Mesmo estando em prisão domiciliar e sendo alvo do inquérito das fake news, ele descumpriu as restrições impostas pelo STF para poder continuar fazendo o serviço sujo para o bolsonarismo. Poucas horas antes do debate entre candidatos a prefeito de São Paulo, publicou um vídeo no YouTube intitulado "O laranjal de Boulos: PSOL utiliza empresas fantasmas para lavar dinheiro na corrida eleitoral em SP". O candidato bolsonarista Celso Russomano lançou a bomba fabricada pelo picareta no debate. A Justiça atestou a falsidade da informação e ordenou a remoção do vídeo. Mais tarde, ele seria obrigado mais uma vez a pagar uma indenização de 15 mil reais para Guilherme Boulos.

Em dezembro, Oswaldo Eustáquio foi preso novamente após descumprir ordem de prisão domiciliar. Mesmo usando uma tornozeleira eletrônica, ele saiu de casa várias vezes e organizou outros atos antidemocráticos. Durante essa passagem pela prisão, Eustáquio levou um tombo no banheiro da cela e lesionou gravemente a coluna vertebral. Dias depois, ele receberia a notícia de que ficou paraplégico. Sua esposa chegou a denunciar que a lesão teria sido ocasionada por uma sessão de tortura, o que também era mentira e jamais foi confirmado nem pelo próprio Eustáquio.

Depois que Eustáquio foi preso, a ministra Damares demitiu Sandra Terena, alegando querer se desvincular da imagem do seu marido presidiário. Ou seja, o bolsonarismo se aproveitou o quanto pôde da fidelidade do casal e depois o cuspiu quando percebeu que Eustáquio tinha virado um estorvo.

As malandragens do casal são muitas. Em junho de 2021, a mulher de Eustáquio apareceu em uma investigação da Polícia Federal como suspeita de manter como cuidadora dos seus filhos uma funcionária comissionada do ministério de Damares. A polícia identificou que ela morava na casa do casal e prestava serviços particulares, como marcar hora na manicure para Sandra Terena.

Enquanto Eustáquio vivia sua derrocada, as investigações envolvendo a Vaza Jato prosseguiram e atestaram a lisura do trabalho jornalístico do Intercept. Por ironia do destino, Eustáquio, que anunciou a iminência da prisão de jornalistas do Intercept, foi quem acabou no xilindró.

A trajetória do jornalista é um exemplo muito bem-acabado de como o bolsonarismo alavancou picaretas no debate nacional para disseminar mentiras em defesa do golpe de Estado e do negacionismo. Ele, que se autointitulava como "jornalista de alta performance", nunca foi jornalista de verdade. Foi um delinquente, um criminoso, um golpista a serviço dos interesses da extrema direita.

REFERÊNCIAS

ANGELO, Tiago. TJ-RJ mantém decisão que obriga bolsonarista a indenizar Glenn Greenwald. **Consultor Jurídico**, 31 jul. 2020. Disponível em: https://www.conjur.com.br/2020-jul-31/mantida-decisao-obriga-bolsonarista-indenizar-glenn-greenwald. Acesso em: 28 jun. 2021.

AFP. Bolsonaro diz que jornalista Glenn Greenwald pode ser preso no Brasil. **Estado de Minas**, 27 jul. 2019. Disponível em: https://www.em.com.br/app/noticia/internacional/2019/07/27/interna_internacional,1072876/bolsonaro-diz-que-jornalista-glenn-greenwald-pode-ser-preso-no-brasil.shtml. Acesso em: 28 jun. 2021.

AUDI, Amanda; MARTINS, Rafael Moro. Difamação sob encomenda. **The Intercept Brasil**, 20 jul. 2020. Disponível em: https://theintercept.com/2020/07/20/fake-news-oswaldo-eustaquio-damares-sandra-terena-infosolo/. Acesso em: 28 jun. 2021.

AUDI, Amanda; MENDES, Guilherme. "É racismo", diz ex-secretária de Damares sobre comissionada "babá" de seus filhos. **Congresso em Foco**, 8 jun. 2021. Disponível em: https://congressoemfoco.uol.com.br/justica/sandra-terena-oswaldo-eustaquio-atos-antidemocraticos/. Acesso em: 28 jun. 2021.

EX-PROCURADOR da Lava Jato compartilha gravação de editor do Intercept. **Poder 360**, 2 jul. 2019. Disponível em: https://www.poder360.com.br/midia/ex-procurador-da-lava-jato-compartilha-gravacao-de-editor-do-intercept/. Acesso em: 28 jun. 2021.

FARIAS, Victor; TALENTO, Aguirre. Blogueiro bolsonarista cai no chuveiro de cela e é internado no DF. **O Globo**, 22 dez. 2020. Disponível em: https://blogs.oglobo.globo.com/sonar-a-escuta-das-redes/post/blogueiro-bolsonarista-cai-no-chuveiro-de-cela-e-e-internado-no-df.html. Acesso em: 28 jun. 2021.

LIBÓRIO, Bárbara; CUBAS, Marina Gama; DIAS, Thamyres. Como as redes bolsonaristas usam desinformação para pressionar por queda de Mandetta. **Aos Fatos**, 9 abr. 2020. Disponível em: https://www.aosfatos.org/noticias/como-as-redes-bolsonaristas-usam-desinformacao-para-pressionar-por-queda-de-Mandetta/. Acesso em: 28 jun. 2021.

MENEZES, Luiz Fernando; CUNHA, Ana Rita. É falso que Mandetta renovou contratos de publicidade do governo Dilma sem aval do Planalto. **Aos Fatos**, 6 abr. 2020. Disponível em: https://www.aosfatos.org/noticias/e-falso-que-mandetta-renovou-contratos-de-publicidade-do-governo-dilma-sem-aval-do-planalto/. Acesso em: 28 jun. 2021.

POR PEDIDO de Alexandre de Moraes, PF prende blogueiro bolsonarista. **Conjur**, 26 jun. 2020. Disponível em: https://www.conjur.com.br/2020-jun-26/pedido-alexandre-pf-encontra-prende-blogueiro-bolsonarista. Acesso em: 28 jun. 2021.

RIBEIRO, Bruno. Bolsonaristas fazem blitz contra Boulos por suposto caso de laranja. Candidato aponta 'fake news'. **Estadão**, 11 nov. 2020. Disponível em: https://politica.estadao.com.br/noticias/eleicoes,bolsonaristas-fazem-blitz-contra-boulos-por-suposto-caso-de-laranja-candidato-aponta-fake-news,70003510900. Acesso em: 28 jun. 2021.

SARA Winter e Oswaldo Eustáquio, arrastados pelo radicalismo para o ostracismo. **Viu Online**, 8 fev. 2021. Disponível em: https://www.portalviu.com.br/brasil/sara-winter-e-oswaldo-eustaquio-arrastados-pelo-radicalismo-para-o-ostracismo. Acesso em: 28 jun. 2021.

TEODORO, Plinio. Bolsonarista, Oswaldo Eustáquio é condenado a indenizar Boulos por fake news usada por Russomano. **Fórum**, 25 dez. 2020. Disponível em: https://revistaforum.com.br/politica/eleicoes-2020/bolsonarista-oswaldo-eustaquio-e-condenado-a-indenizar-boulos-por-fake-news-usada-por-russomanno/. Acesso em: 28 jun. 2021.

LIÇÕES DE COMO ENFRENTAR BOLSONARO E A EXTREMA DIREITA SEM FORTALECÊ-LOS

AGOSTO DE 2018

É PRECISO CONFRONTÁ-LOS COM QUESTÕES QUE DEMANDAM RESPOSTAS COMPLEXAS E NÃO DAR ESPAÇO PARA PROSELITISMO IDEOLÓGICO

NO ÚLTIMO DEBATE PRESIDENCIAL, o jornalista Reinaldo Azevedo fez uma pergunta bastante simples sobre dívida interna para Bolsonaro que o fez perder o chão. Durante o minuto de resposta, o candidato ficou tenso como se estivesse acabado de ficar nu diante de todo o país. O mito da força e da ordem se transformou em um garotinho assustado com olhar vazio. Foi possível enxergar em seu semblante "sofrimento interior", "desequilíbrio emocional" e "angústia"— os mesmos sentimentos que o acometeram quando o deputado do PSB carioca Carlos Minc o chamou de machista, homofóbico e racista, conforme consta no processo que abriu contra o ex-ministro.

Entre um silêncio interminável e outro, falou qualquer coisa que lhe veio à cabeça, sem nenhuma conexão com a pergunta, e apresentou soluções constrangedoramente infantis como: "fazer com que empregados e patrões sejam amigos, e não inimigos". Escolhido para comentar a resposta, Ciro Gomes teve a chance de escancarar ainda mais o despreparo de um candidato minúsculo, mas preferiu ser cortês — talvez para não parecer arrogante aos olhos do eleitor. Se uma pergunta trivial sobre economia causou todo esse estrago no emocional de Bolsonaro, não é difícil imaginar como seria o seu comportamento na hora de tomar grandes decisões, administrar conflitos e atender demandas complexas de uma sociedade que passa por crises de toda ordem[17].

O avanço recente da extrema direita no mundo tem suscitado discussões sobre como os líderes políticos que emergem desse espectro devem ser abordados. Nos EUA, na Europa e agora no Brasil, jornalistas tentam descobrir a melhor maneira de entrevistá-los sem oferecer palanque para suas propostas antidemocráticas. A experiência americana com Trump indica que confrontar os absurdos racistas e homofóbicos, por exemplo, não funciona e só ajuda a alimentar a fúria dos seus seguidores. Primeiro porque o confronto em si é uma das principais estratégias da extrema direita, que busca a briga com a imprensa a todo custo para poder posar de vítima perseguida pelo establishment. Segundo porque todo extremista é, via de regra, intelectualmente limitado e se perde ao ser convocado a falar sobre temas que estão fora da sua caixinha moralista.

Há uma tendência da imprensa mundial em querer apontar os absurdos dos extremistas, mas são exatamente esses mesmos absurdos que aumentam seus capitais políticos. Grandes temas fundamentais acabam ficando em segundo plano, o que não acontece com políticos não extremistas.

Uma pergunta banal de Reinaldo Azevedo revelou a fragilidade de Bolsonaro, coisa que a bancada inteira do Roda Viva não conseguiu em horas de entrevista. Os entrevistadores do programa da TV Cultura se focaram nos mais famosos episódios de agressividade e preconceito do

17 Em 2020 e 2021, Bolsonaro (não) enfrentaria a maior crise sanitária do país com a chegada do coronavírus. O Brasil sob seu governo se tornou o segundo país com o maior número de mortos, segundo o monitor global da covid-19 mantido pela Universidade Johns Hopkins. Disponível em: https://coronavirus.jhu.edu/map.html.

candidato, o que o fez nadar de braçada. É justamente por causa desses episódios que o candidato está onde está. Reforçá-los não ajuda em nada.

Em 2017, o partido alemão de extrema direita AfD conquistou seus primeiros assentos no parlamento explorando um sentimento antirrefugiados de parte da sociedade alemã. Pouco depois, Alexander Gauland, dirigente do partido, participou de uma entrevista atípica na televisão. O jornalista Thomas Walde, da ZDF, conduziu o programa sem tocar no tema dos refugiados, a principal bandeira do partido. Durante 19 minutos, o extremista se viu obrigado a tratar de assuntos que estão fora da sua zona de conforto, como previdência, mudanças climáticas e digitalização — temas muito mais relevantes para a Alemanha do que a questão dos refugiados. O desempenho de Gauland foi péssimo.

A jornalista americana Emily Schultheis, que atualmente mora em Berlim, escreveu um artigo para o The Atlantic citando essa entrevista e analisando as dificuldades que a mídia internacional tem encontrado ao lidar com extremistas de direita: "A mídia alemã (e europeia) tem sido criticada por dar um enfoque sensacionalista nas questões de refugiados e migração. O constante foco da mídia nessas questões ajuda a mantê-las na mente das pessoas, mesmo depois que o fluxo de refugiados diminuiu de forma significativa".

Quando perguntado sobre a fala de um correligionário que propôs uma "mudança no sistema previdenciário", Gauland se limitou a dizer que o "partido ainda está discutindo" e que não há "nenhum conceito determinado". O jornalista insistiu no tema e perguntou se o partido não tinha, de fato, uma proposta para as aposentadorias. O líder extremista respondeu que "agora, não", mas que apresentaria uma após a próxima reunião do partido.

Em outra pergunta, Walde se referiu à retórica nacionalista que prega a proteção do povo alemão (e que geralmente explora a perda de empregos para imigrantes) e perguntou sobre como os locatários locais seriam protegidos das grandes empresas internacionais de locação, como o Airbnb, que fizeram os aluguéis em Berlim dispararem. Mais uma resposta melancólica: "Não posso lhe dar uma resposta no momento. Isso não foi votado no programa do partido".

Sobre a digitalização — tema importante na Alemanha, já que o país tem uma infraestrutura digital bastante precária em relação a outros países europeus —, a resposta seguiu o padrão vergonhoso das anteriores: "Eu não posso explicar isso. Você precisa perguntar a um deputado", acrescentando que ele próprio não tem "nenhuma familiaridade com a internet".

Depois da entrevista, Gauland sentiu o golpe e resmungou publicamente. Disse que o jornalista foi "excessivamente tendencioso" e "absolutamente antijornalístico". As perguntas simples e técnicas irritaram também o exército de militantes virtuais de extrema direita, que atacou o jornalista alemão em suas redes sociais — exatamente o que o fã-clube de Bolsonaro fez com Reinaldo Azevedo.

No mês passado, Luciano Caramori, um redator publicitário com experiência em campanhas eleitorais, escreveu uma série de tuítes propondo como abordar Bolsonaro. Trata-se, basicamente, da mesma estratégia utilizada por Azevedo e por Walde.

> Por mais absurdo que seja, os comportamentos RACISTA, HOMOFÓBICO, VIOLENTO do candidato não me parecem os melhores argumentos contra ele. Infelizmente, existe uma tendência mundial em relevar essas atitudes. O que interessa é SEGURANÇA, EMPREGO, SAÚDE. O argumento que ele não fez NADA pela segurança do Rio de Janeiro em 30 anos de mandato vai ser mais eficaz do que comentar que ele espancaria o próprio filho se fosse gay.

Essa deve ser a postura dos jornalistas ao abordar não só Bolsonaro, mas todos os candidatos de extrema direita que têm pipocado por aí. Questões básicas e técnicas sobre segurança, economia e saúde, que demandam respostas complexas, são as principais armas contra o extremismo. Políticos que exaltam a ditadura militar e propõem que fazendeiros se armem com fuzis e tanques de guerra, por exemplo, devem ser confrontados com perguntas técnicas sobre segurança pública, sem ter espaço para o proselitismo ideológico de sempre. É só oferecer a corda que o extremista se enforca sozinho.

Depois de ter sido nocauteado por uma pergunta simples, e temendo que o fato se repetisse nos debates, Bolsonaro anunciou que é melhor já ir se acostumando com sua possível ausência nos próximos. O presidente do PSL justificou dizendo que seu candidato é diferente, que não apresenta soluções fáceis, "mas novos direcionamentos para um Brasil que está sofrendo com a esquerdopatia que está aí há mais de duas décadas". Apelou até para a convocação do comunismo imaginário para justificar a fuga do seu Dom Quixote.

O fato de Bolsonaro não ter a mínima noção dos problemas básicos que poderá vir a enfrentar como presidente deve ser cada vez mais exposto. Ele está há quase 30 anos na vida pública parlamentar sem ter feito nada de relevante — nem em favor de suas odiosas bandeiras, diga-se — e até hoje não adquiriu a mínima noção de economia. O povo quer emprego, segurança e comida na mesa, e para isso é preciso que fique claro que o polemismo por si só não resolverá essas questões.

Não dá para ser presidente de um país em profunda crise econômica cumprindo exclusivamente o papel de guardinha da moral e dos bons costumes, enquanto na economia cumpre o de fantoche. Não se governa um país do posto Ipiranga.

REFERÊNCIAS

AZEVEDO, Reinaldo. Minha pergunta a Bolsonaro e fúria da turba 1: Fiz uma indagação sobre dívida interna, não sobre morte de Odete Roitman e Salomão Ayala. **UOL**, 19 ago. 2018. Disponível em: https://reinaldoazevedo.blogosfera.uol.com.br/2018/08/19/minha-pergunta-a-bolsonaro-e-furia-da-turba-1-fiz-uma-indagacao-sobre-divida-interna-nao-sobre-a-morte-de-odete-roitman-e-salomao-ayala/. Acesso em: 1 jul. 2021.

BOLSONARO processa Minc por ter sido chamado de machista, homofóbico e racista. **Jota**, 22 ago. 2018. Disponível em: https://www.jota.info/eleicoes/bolsonaro-processa-machista-homofobico-22082018. Acesso em: 1 jul. 2021.

FERNANDES, Talita; ESTEVES, Kaio. De ida a debates a saída da ONU, Jair Bolsonaro coleciona série de recuos. **Folha de S. Paulo**, 23 ago. 2018. Disponível em: https://www1.folha.uol.com.br/poder/2018/08/de-ida-a-debates-a-saida-da-onu-jair-bolsonaro-coleciona-serie-de-recuos.shtml. Acesso em: 1 jul. 2021.

RODA Viva | Jair Bolsonaro. YouTube: Roda Viva, 31 jul. 2018. Disponível em: https://www.youtube.com/watch?v=lDL59dkeTio. Acesso em: 1 jul. 2021.

SCHULTHEIS, Emily. *How to Discuss the Far Right Without Empowering It.* **The Atlantic**, 14 ago. 2018. Disponível em: https://www.theatlantic.com/international/archive/2018/08/how-to-discuss-the-far-right-without-empowering-it/567520/. Acesso em: 1 jul. 2021.

1ª edição	novembro 2021
impressão	rotaplan
papel miolo	pólen soft 80g/m²
papel capa	triplex 300g/m²
tipografia	kievit e fixture